Jules Verne

Le TOUR DU MONDE
en 80 jours

Adaptation de **Sarah Guilmault**

Rédaction : Domitille Hatuel, Cristina Spano
Conception graphique : Nadia Maestri
Mise en page : Simona Corniola
Illustrations : Alarico Gattia
Recherches iconographiques : Laura Lagomarsino

© 2005 Cideb Editrice, Gênes

Première édition : mai 2005

Crédits photographiques

Pages 4, 88 : © Bettmann / CORBIS ; page 34: Steffen Foerster;
page 43: Eogan McNally, Lakis Fourouklas; page 47: GavinD ;
page 48 : © Martin Jones / CORBIS ; page 87 : © Adam Woolfitt /
CORBIS.

Vous trouverez sur les sites www.cideb.it et www.blackcat-cideb.com
(espace étudiants et enseignants) les liens et adresses Internet utiles
pour compléter les dossiers et les projets abordés dans le livre.

Pour toute suggestion ou information la rédaction peut être
contactée à l'adresse suivante :

www.cideb.it

CISQ CISQ CERT

TEXTBOOKS AND
TEACHING MATERIALS

The quality of the publisher's
design, production and sales processes has
been certified to the standard of
UNI EN ISO 9001

ISBN 978-88-530-0386-7 livre + CD

Imprimé en Italie par Litoprint, Gênes

Sommaire

Le texte est intégralement enregistré.

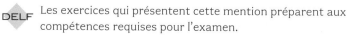 Ce symbole indique les exercices d'écoute et le numéro de la piste.

DELF Les exercices qui présentent cette mention préparent aux
compétences requises pour l'examen.

La vie de
Jules Verne

Un profil d'écrivain

Jules Verne, écrivain français, naît à Nantes le 8 février 1828. Il reste dans sa ville natale toute son enfance. À onze ans, il fait une fugue et tente de s'embarquer comme mousse sur un bateau qui part pour les Indes. Son père le rattrape à la première escale. Remis dans le droit chemin, Jules passe son bac en 1846. Mais son profil d'écrivain est déjà dessiné, puisque dès douze ans il écrit ses premiers poèmes.

En 1848, il va à Paris pour faire des études de droit et commence à écrire des pièces de théâtre. À 28 ans, il rencontre Honorine de Viane, une veuve qui a deux filles, et se marie avec elle un an plus tard, en 1857. Leur fils, Michel, naît en 1861. Jules Verne travaille alors comme agent de change et continue à écrire des drames historiques, des comédies et surtout des opérettes.

Une rencontre décisive

En 1862, Jules Verne fait la connaissance de celui qui va devenir son éditeur, Pierre-Jules Hetzel. Il signe avec lui un contrat pour les vingt années suivantes. Dans les années 1863-1865, il devient célèbre avec la publication de ses trois premiers grands romans : *Cinq semaines en ballon*, *Voyage au centre de la Terre* et *De la Terre à la Lune*. Il sera l'auteur de quelque quatre-vingts romans à raison de un à deux par an.

Jules Verne, le précurseur de la science-fiction

L'une de ses grandes qualités est d'avoir réussi, grâce à son sens de la documentation, à adapter au genre du roman les conquêtes et les découvertes des savants de son époque. Il a su les mettre au service d'une imagination incroyable qui a fait de lui, bien souvent, un visionnaire. Il prévoit avec justesse les progrès scientifiques du XXe siècle avant leur réalisation, comme par exemple les vols dans l'espace, le sous-marin, l'hélicoptère, l'air conditionné, les missiles guidés et le cinéma.

Le Tour du monde en 80 jours

En 1867, Jules Verne commence à entreprendre une série de voyages : il s'achète même un bateau, le *Saint-Michel*. Puis, il s'installe à Amiens où il écrit *Le Tour du Monde en 80 jours*, publié en 1873. L'inspiration de cette œuvre vient de la volonté de l'auteur de décrire le monde entier sous la forme d'un roman géographique et scientifique. Fidèle aux aspirations de son époque, il traduit l'intérêt porté aux voyages, à la géographie, aux découvertes. Ainsi, à travers son *Tour du monde en 80 jours*, il accomplit une véritable expédition géographique.

À partir de 1878, il reprend ses voyages pour finir en 1884 par faire un grand tour de la Méditerranée.

La fin d'un grand écrivain

En 1888, Jules Verne est élu au conseil municipal d'Amiens. Il y siègera pendant 15 ans. Malade du diabète, il meurt le 24 mars 1905. Deux ans plus tard, une sculpture commémorative est placée sur sa tombe, au cimetière de La Madeleine à Amiens. Elle montre Jules Verne sortant de sa tombe, un bras tendu vers les étoiles.

1 Lisez attentivement la biographie de l'auteur et retrouvez à quel événement de sa vie correspondent les dates suivantes.

Dates	Événements
8 février 1828	naissance au l'ecrivain français Jules VERNE
1846	Jules passe son bac
1848	VED. p. 2)
1857	il se marie avec Honorine de Viane
1861	Leur fils, Michel, naît
1862	Jules Verne connaît son editeur
1863-1865	voir p. 5
1867	il commence à entreprendre une série de voyages
1873	publication de Le tour du monde en 80 jours
1878	il reprend ses voyages
1884	il finit son voyages
1888	Jules Verne est élu au conseil municipal d'Amiens
24 mars 1905	il meurt
1907	une sculpture commemorative est placée sur sa tombe

CHAPITRE **1**

Où Phileas Fogg et Passepartout se rencontrent

N*ous* *Mercredi 2 octobre*

ous sommes à Londres en 1872, dans la maison d'un personnage assez mystérieux. Phileas Fogg, c'est ainsi qu'il se nomme, est membre du Reform Club. On sait très peu de choses sur lui : c'est un homme galant et l'un des plus beaux gentlemen de la haute société anglaise, voilà tout. Est-il riche ? Incontestablement. Mais on ne sait pas comment il a fait fortune.

A-t-il voyagé ? Il connaît bien la carte du monde et possède des connaissances impressionnantes sur les pays les plus lointains. Il a donc probablement voyagé, ou en tout cas, dans sa tête, car certains affirment qu'il n'a pas quitté Londres depuis de longues années.

Le TOUR DU MONDE *en 80 jours*

C'est un gentleman peu communicatif qui aime le silence. Pourtant on croit connaître sa vie, simplement parce qu'il fait mathématiquement toujours la même chose.

Son passe-temps est de lire les journaux et de jouer au whist[1], jeu du silence qui convient bien à sa nature. Il gagne souvent, mais ses gains sont destinés aux œuvres de charité. Il joue pour jouer, pas pour gagner : le jeu est pour lui une lutte sans mouvement, sans fatigue.

Phileas Fogg vit seul dans sa maison de Saville Row, où personne ne pénètre, sauf son domestique. Il n'a ni femme ni enfants ni parents ni amis. Il déjeune et dîne au Club à des heures chronométriquement déterminées, dans la même salle, à la même table. Il rentre chez lui à minuit précis pour se coucher. De son domestique, il exige une ponctualité et une régularité extraordinaires.

En effet, ce jour-là, Phileas Fogg vient de renvoyer son unique valet parce que celui-ci a apporté de l'eau trop chaude pour sa barbe. Il est assis dans son fauteuil et attend le nouveau domestique qui doit se présenter entre onze heures et onze heures et demie parce que, à onze heures et demie pile[2], Mr. Fogg doit comme d'habitude se rendre au Reform Club. Il regarde, impassible[3], le mouvement régulier des aiguilles de la pendule.

On frappe à la porte. Un garçon âgé d'une trentaine d'années pénètre dans le salon et se présente.

— Vous êtes français et vous vous appelez John ? lui demande Phileas Fogg.

---

1. **Whist** : jeu de cartes.
2. **Pile** : ici, juste, exactement.
3. **Impassible** : calme.

Le TOUR DU MONDE *en 80 jours*

— Non, en réalité je m'appelle Jean Passepartout [1], un surnom qu'on m'a donné parce que je réussis toujours à me tirer d'affaire [2]. Je crois être un honnête garçon, Monsieur, mais je dois avouer que j'ai fait plusieurs métiers. J'ai été chanteur, écuyer dans un cirque, professeur de gymnastique et sergent de pompiers à Paris. Puis, j'ai quitté la France et depuis cinq ans je suis valet de chambre en Angleterre. Or, je viens d'apprendre que Mr. Phileas Fogg, l'homme le plus exact et le plus sédentaire du Royaume-Uni, cherche un nouveau domestique. Je me suis présenté à vous dans l'espoir d'y vivre une vie tranquille.

— Vous m'êtes recommandé, Passepartout. Connaissez-vous mes conditions ?

— Oui, Monsieur.

— Bien. Quelle heure avez-vous ?

— Onze heures vingt-deux, répond Passepartout en regardant sa montre de gousset [3].

— Vous retardez de quatre minutes, dit Mr. Fogg. Donc, à partir de ce moment, onze heures vingt-six du matin, vous êtes à mon service.

À ces mots, Phileas Fogg se lève, prend son chapeau et sort sans ajouter un mot. Malgré cette rencontre rapide, Passepartout a soigneusement regardé son futur maître. C'est un homme de quarante ans environ, au visage noble et beau, il est grand, il a une moustache et les cheveux blonds. Calme,

---

1. **Un passe-partout** : une clé qui permet d'ouvrir plusieurs serrures différentes.
2. **Se tirer d'affaire** : se sortir de toutes les situations.
3. **Une montre de gousset :**

flegmatique, l'œil pur, la paupière immobile, bref, c'est le type d'Anglais impassible. Phileas Fogg est extrêmement précis, jamais pressé et toujours prêt, il ne fait aucun geste superflu. Il ne semble jamais ému ou troublé.

Quant à notre nouvel ami Passepartout, un vrai parisien de Paris, il possède une physionomie agréable et une force herculéenne. Il a l'air doux et serviable, les yeux bleus, les cheveux bruns et rebelles. Son caractère expansif va-t-il s'accorder avec celui de son maître ? C'est ce qu'on va voir. En tout cas, les renseignements qu'on lui a donnés sur Phileas Fogg, personnage qui a une vie régulière et qui ne voyage pas, ne peuvent que lui convenir.

Il est onze heures et demie et Passepartout, seul dans cette nouvelle maison, décide d'en commencer l'inspection. Il découvre finalement sa chambre. Sur la cheminée, une pendule électrique correspond avec la pendule de la chambre à coucher de Phileas Fogg et les deux appareils battent au même instant la même seconde. Au-dessus de la pendule, il y a une notice avec l'organisation précise de la journée de Mr. Fogg.

— Cela me va ! se dit Passepartout une fois l'inspection finie. Un homme régulier comme une mécanique ! Eh bien, ma foi [1], ça n'est pas pour me déplaire !

---

1. **Ma foi** : en effet.

Compréhension **orale**

DELF **1** Écoutez l'enregistrement du chapitre et dites si les affirmations sont vraies (V) ou fausses (F).

		V	F
1.	Nous sommes à Paris en 1872.		✗
2.	Phileas Fogg est membre du Reform Club.	✗	
3.	Il a des connaissances impressionnantes sur les pays les plus lointains.	✗	
4.	Son passe-temps est de lire des revues et de jouer aux échecs.		✗
5.	Phileas Fogg n'a ni femme ni enfants ni parents ni amis.	✗	
6.	À onze heures, il doit se rendre au Reform Club.		✗
7.	Son nouveau domestique est anglais.		✗
8.	Il s'appelle Passepartout et a fait plusieurs métiers.	✗	
9.	La montre de Passepartout avance de quatre minutes.		✗
10.	Il n'a pas eu le temps de regarder son futur maître.		✗
11.	Passepartout a une physionomie agréable.	✗	
12.	La vie irrégulière de Phileas Fogg ne lui convient pas.		✗
13.	Dans sa chambre, Passepartout trouve une notice avec l'organisation de la journée.	✗	

3 **2** Écoutez l'enregistrement et replacez sur les horloges suivantes les heures que vous entendez.

Enrichissez votre **vocabulaire**

1 À l'aide de l'encadré, écrivez les mots qui correspondent aux dessins suivants.

un chapeau   une cheminée   un jeu de cartes
une table   une barbe   un fauteuil   une pendule
le Royaume Uni   la carte du monde   une maison

1 La carte du monde

2 un jeu de cartes

3 une maison

4 le Royaume Uni

5 une pendule

6 une table

7 un fauteuil

8 une barbe

9 un chapeau

10 une cheminée

2 Les protagonistes. Écoutez de nouveau l'enregistrement du chapitre et mettez une croix dans la colonne Phileas Fogg ou Passepartout en fonction de l'adjectif qui le caractérise.

	Phileas Fogg	Passepartout
Français		X
mystérieux	X	
valet de chambre		X
40 ans	X	X
cheveux bruns		X
membre du Reform Club	X	
honnête		X
galant	X	
beau	X	
riche	X	
30 ans		X
grand	X	
moustache	X	X
cheveux blonds	X	
parisien		X
force herculéenne		X
yeux bleus	X	X

Grammaire

1 Trouvez dans le chapitre le pluriel ou le singulier des mots suivants.

mystérieux : ....MYSTÉRIEUX...

un ami : ....DES AMIS..

le journal : ....LES JOURNAUX...

nouveau : ....NOUVEAUX...

beaux : ....BEAU...

réguliers : ....RÉGULIER...

le pays : ....LES PAYS...

français : ....FRANÇAIS...

14

son gain : *SES GAINS*

chanteurs : *CHANTEUR*

les jeux : *LE JEU*

exacts : *EXACT*

ses domestiques : *SON DOMESTIQUE*

le cheveu : *LES CHEVEUX*

un enfant : *DES ENFANTS*

2 À partir de cette liste, retrouvez la règle du pluriel des noms et des adjectifs.

Lorsque les adjectifs se terminent par ....

Lorsque les noms se terminent par ....

Production **écrite**

DELF **1** Les passe-temps de Phileas Fogg. Il aime lire les journaux et jouer au whist. Que faites-vous lorsque vous avez du temps libre ?
Décrivez en 60-80 mots.

2 Pour faire partie d'un club, vous devez remplir la fiche de présentation suivante.

Nom : *EZBNWARA*

Prénom : *STEPHANIS*

Adresse : *VIA MASSALOTH 81*

Date de naissance : *8/02/1981*

Lieu de naissance : *CREMONA*

collez
votre photo

Quelles autres activités pratiquez-vous ?
.... *BION* ....

Quelle(s) activité(s) avez-vous choisie(s) dans notre club ?
....

Quel jour et à quelle heure ? ....

CHAPITRE **2**

Où Phileas Fogg lance un défi

C omme chaque jour, à onze heures et demie,
Phileas Fogg quitte sa maison. Il va placer cinq
cent soixante-quinze fois son pied droit devant
son pied gauche et cinq cent soixante-seize fois
son pied gauche devant son pied droit pour arriver au
Reform Club. Après avoir mangé, c'est-à-dire à midi quarante-
sept, ce gentleman se lève et se dirige vers le grand salon pour
lire les journaux tout l'après-midi. Puis, il dîne et à six heures
moins vingt il retourne dans le grand salon, où il retrouve les
joueurs de whist comme Gauthier Ralph ou Andrew Stuart,
membres riches et considérés du Reform Club.

La partie n'a pas encore commencé qu'une conversation
s'engage[1] sur un vol[2] qui a eu lieu à la Banque d'Angleterre.

---

1. **S'engager** : ici, commencer. 2. **Un vol** : ici, un hold-up.

Où Phileas Fogg lance un défi

Le fait dont il est question a eu lieu le 29 septembre. La somme de cinquante-cinq mille livres a été volée au caissier principal de la Banque d'Angleterre tandis que celui-ci était occupé à enregistrer une recette [1] de quelques shillings... Des détectives, choisis parmi les plus habiles, ont été envoyés dans les principaux ports, à Liverpool, à Glasgow, au Havre, à Suez, à Brindisi, à New York, etc., avec la promesse, en cas de succès, d'une prime de deux mille livres et cinq pour cent de la somme retrouvée. Le début de l'enquête a permis de faire le signalement : il n'y a pas de doute, c'est un gentleman qui a commis le vol.

Tandis que les membres du Club s'installent autour de la table pour jouer au whist, Andrew Stuart continue la discussion.

— Où peut se réfugier ce voleur ? La terre est si vaste !

— Elle ne l'est plus aujourd'hui, affirme Phileas Fogg.

— Mais la terre n'a pas pu diminuer, mon cher, répond Andrew sur le ton de la plaisanterie.

— La terre a diminué puisqu'on la parcourt maintenant dix fois plus vite qu'il y a cent ans, dit Ralph. Savez-vous qu'on peut faire le tour de la terre en trois mois... ?

— En quatre-vingts jours seulement, corrige Phileas Fogg.

— Quatre-vingts jours peut-être, mais sans penser au mauvais temps, aux naufrages ... continue Andrew.

— En quatre-vingts jours tout compris, interrompt Phileas Fogg.

— Ah ! Ah ! Je parie quatre mille livres qu'un tel voyage est impossible.

— Très possible, ajoute Phileas Fogg.

— Faites-le alors !

— D'accord.

---

1. **Une recette** : total des sommes d'argent reçues.

Le TOUR DU MONDE *en 80 jours*

— Quand ?

— Tout de suite. Je suis prêt à parier vingt mille livres que je fais le tour du monde en quatre-vingts jours, soit mille neuf cent vingt heures ou cent quinze mille deux cents minutes. Vous acceptez ce pari ?

— Nous acceptons, répondent ses collègues.

— Bien. Je vais prendre le train pour Douvres de vingt heures quarante-cinq. Je pars donc ce soir, 2 octobre, dit-il tandis qu'il

regarde son calendrier de poche, et je serai de retour à Londres au salon du Reform Club le samedi 21 décembre à huit heures quarante-cinq du soir. Faute de quoi [1], ce chèque de vingt mille livres vous appartiendra.

Phileas Fogg pose le chèque sur la table de jeu, prend son chapeau et sort.

1. **Faute de quoi** : dans le cas contraire, sinon.

Le TOUR DU MONDE en 80 jours

À sept heures cinquante, le nouveau domestique est étonné de voir Mr. Fogg rentrer à son domicile : selon la notice, il ne doit pas rentrer avant minuit.

— Passepartout, nous partons dans dix minutes pour Douvres et Calais. Nous allons faire le tour du monde en quatre-vingts jours et nous n'avons pas de temps à perdre !

« Le tour du monde ! pense Passepartout avec stupeur, moi qui voulais rester tranquille. » En effet, n'a-t-il pas choisi Phileas Fogg pour sa vie sédentaire ?

— Préparez un sac pour vous et moi avec des affaires de nuit. Le reste, on l'achètera sur place.

À huit heures, Passepartout, toujours incrédule, est prêt.

Mr. Fogg prend le sac des mains de son domestique, l'ouvre et y met vingt mille livres, sans aucun doute pour couvrir les frais du voyage. Puis, il remet le sac à Passepartout. Quarante-cinq minutes plus tard, Phileas Fogg et son domestique se trouvent dans le train qui doit les porter à Douvres.

La nouvelle du départ de Phileas Fogg et l'idée de faire le tour du monde en quatre-vingts jours se propage dans Londres. Après avoir fait la une [1] de tous les journaux, le voyage de Phileas Fogg n'est plus un secret pour personne. Certains pensent qu'il est fou, d'autres, qu'il est génial.

Cependant, sept jours après le départ de Phileas Fogg et Passepartout, un incident vient mettre fin aux questions que soulève cette personnalité de première page.

On apprend qu'un certain Fix, détective, a identifié le voleur de la Banque d'Angleterre. Et tous ses soupçons se portent sur Phileas Fogg, cet honorable gentleman du Reform Club !

---

1. **Faire la une** : nouvelle en première page.

Compréhension **orale et écrite**

DELF **1** Écoutez l'enregistrement du chapitre et cochez la case qui correspond à la fin de la phrase.

1. La partie de whist n'a pas commencé
   - a. ☐ qu'une conversation s'engage sur un vol dans un supermarché.
   - b. ☐ que Phileas Fogg décide de partir.
   - c. ☐ qu'une conversation s'engage sur un vol à la Banque d'Angleterre.

2. Le début de l'enquête a permis de faire le signalement du voleur :
   - a. ☐ c'est un gentleman !
   - b. ☐ c'est un domestique !
   - c. ☐ c'est un détective !

3. Phileas Fogg parie qu'il peut faire le tour du monde en
   - a. ☐ quatre-vingt-dix jours.
   - b. ☐ quatre-vingts jours.
   - c. ☐ quarante jours.

4. Il sera de retour à Londres au Reform Club
   - a. ☐ le vendredi 21 décembre à huit heures quarante-cinq du soir.
   - b. ☐ le samedi 21 décembre à huit heures du soir.
   - c. ☐ le samedi 21 décembre à huit heures quarante-cinq du soir.

5. À sept heures cinquante, le domestique est étonné de voir rentrer Mr. Fogg car selon la notice,
   - a. ☐ il ne doit pas rentrer avant midi.
   - b. ☐ il ne doit pas rentrer avant minuit.
   - c. ☐ il ne doit pas rentrer avant onze heures et demie.

6. Passepartout est étonné de partir faire le tour du monde ;
   - a. ☐ il a choisi Mr. Fogg pour sa vie sédentaire.
   - b. ☐ il préfère faire un voyage en France.
   - c. ☐ il préfère faire un voyage en Angleterre.

6 **2** Écoutez l'enregistrement et écrivez l'emploi du temps de Phileas Fogg.

DELF **3** Parmi les trois lettres suivantes, choisissez celle qu'a pu écrire Passepartout à un ami. Barrez les erreurs et corrigez-les.

1 Paris, le 2 octobre 1872
   Cher Paul,
   Je viens de trouver une place comme domestique chez un gentleman de la haute société française. Je suis très content car c'est un homme qui a une vie tranquille. Malheureusement, me voilà dans le train en direction de Douvres parce qu'il a décidé de faire le tour du monde en quatre-vingts jours...
   À bientôt
   Passepartout

2 Londres, le 2 octobre 1872
   Cher Paul,
   Je viens de trouver une place comme domestique chez un gentleman de la haute société anglaise. Je suis très content car c'est un homme qui a une vie tranquille. Malheureusement, me voilà dans le train en direction de Calais parce qu'il a décidé de faire le tour du monde en quatre-vingt dix jours...
   À bientôt
   Passepartout
   Londres, le 2 octobre 1872

3   Cher Paul,

Je viens de trouver une place comme domestique chez un gentleman de la haute société anglaise. Je suis très content car c'est un homme qui a une vie tranquille. Malheureusement, me voilà dans le train en direction de Douvres parce qu'il a décidé de faire le tour du monde en quatre-vingts jours...

À bientôt

Passepartout

Enrichissez votre **vocabulaire**

1 À l'aide de l'encadré, écrivez les mots qui correspondent aux dessins suivants.

| un pied | un détective | un voleur | un calendrier | un chèque |

3 UN PIED

2 UN CALENDRIER

1 UN DETECTIVE

4 UN CHEQUE

5 UN VOLEUR

6 **2** Écoutez l'enregistrement et complétez le tableau sur le nombre de jours dont a besoin Phileas Fogg d'une étape à l'autre et sur les moyens de locomotion utilisés.

Destinations	Moyens de transport	Nombre de jours
De Londres à Suez		
De Suez à Bombay		
De Bombay à Calcutta		
De Calcutta à Hong-Kong (Chine)		
De Hong-Kong à Yokohama (Japon)		
De Yokohama à San Francisco		
De San Francisco à New York		
De New York à Londres		

Production **écrite**

DELF **1** Décrivez votre journée sur la page de cet agenda. Écrivez les horaires en toutes lettres.

CHAPITRE **3**

Où les gentlemen sont des voleurs

Mercredi 9 octobre

Fix fait partie des détectives anglais envoyés dans les différents ports après le vol commis à la Banque d'Angleterre. En possession du signalement du voleur et motivé par la prime promise en cas de succès, Fix est persuadé que son homme se trouve à bord du *Mongolia*, bateau qui fait régulièrement les voyages de Brindisi à Bombay. Il a compris depuis longtemps que les grands escrocs [1] ressemblent toujours à d'honnêtes gens. Il se met donc à dévisager les gentlemen qui débarquent sur le quai. Et c'est ainsi que le détective Fix reconnaît le voleur de la Banque d'Angleterre le mercredi 9 octobre, à Suez. Cependant, pour pouvoir arrêter Phileas Fogg, notre ami Fix a besoin d'un mandat d'arrêt d'Angleterre. Pour le moment, il doit se contenter de suivre de

---

1. **Un escroc** : un voleur.

Où les gentlemen sont des voleurs

près sa belle proie [1]. Et pour approfondir son enquête, il décide de s'approcher du domestique qui attend sur le quai.

— C'est un bien beau pays l'Égypte, vous ne trouvez pas ? demande Fix.

— Oui, mais nous allons si vite que j'ai l'impression de voyager en rêve, répond Passepartout.

— Vous êtes donc pressés ?

— Mon maître doit faire le tour du monde en quatre-vingts jours... mais c'est insensé.

1. **Une proie** : une victime.

— Votre maître est peut-être un peu original... Dites donc [1], il faut être riche pour faire un tel voyage !

— En effet, il a emporté beaucoup d'argent. Mais, je dois vous laisser, je dois prendre le bateau. Au revoir, Monsieur... ?

— Fix, je m'appelle Fix. Et votre prochaine destination est peut-être la même que la mienne, Bombay ?

— C'est exact. Mon nom est Passepartout. Nous nous reverrons donc sûrement.

Cette conversation avec le domestique a convaincu définitivement Fix que Phileas Fogg est coupable et qu'il doit l'arrêter. Il suffit juste d'attendre l'arrivée du mandat d'arrêt.

De son côté, Phileas Fogg, imperturbable, poursuit son itinéraire d'une façon très méthodique : il inscrit les dates, les heures, les destinations sur son carnet de bord afin de constater le retard ou le gain de temps.

Le 10 octobre, le bateau quitte Suez pour la prochaine étape, Bombay. La traversée de la mer Rouge est houleuse [2], mais cela ne perturbe pas du tout les habitudes de Phileas Fogg, qui a trouvé des partenaires pour jouer au whist. Quant à Passepartout, les conditions de ce voyage sont satisfaisantes : il n'a pas le mal de mer, mange bien, dort confortablement et fait des rencontres sympathiques.

Ils arrivent finalement à Bombay le 20 octobre. Phileas Fogg et son domestique quittent le paquebot pour se rendre à la gare et prendre le train en direction de Calcutta. Passepartout commence à être préoccupé par le pari de son maître. Certes, ils

---

1. **Dites donc** : (expression) à propos.
2. **Houleux** : agité.

ont deux jours d'avance, mais on ne sait jamais, un voyage peut toujours réserver des surprises et un retard est si vite arrivé !

Partis à l'heure de Bombay pour Calcutta, voilà que le train s'arrête tout à coup dans un petit village. Passepartout n'en croit pas ses yeux ni ses oreilles quand il entend le conducteur du train annoncer : « Les voyageurs descendent ici. Il n'y a plus de voie ferrée ! » En effet, contrairement à ce qu'ont écrit les journaux, le chemin de fer reliant Bombay à Calcutta n'est pas fini. C'est avec précipitation que les voyageurs habitués à faire ce trajet se jettent sur les moyens de locomotion qui sont à leur disposition : des charrettes tirées par des zébus [1], des poneys, etc.

Passepartout se demande sur quel genre de véhicule ils vont faire le voyage jusqu'à Calcutta. Phileas Fogg trouve vite une solution. Après avoir marchandé à un prix très élevé l'achat d'un éléphant qui s'appelle Kiouni, nos deux voyageurs, accompagnés d'un guide, quittent au trot le village. Il est neuf heures lorsque cet équipage pénètre dans une forêt de palmiers. Certes, c'est moins confortable que le bateau ou le train, mais bien plus pittoresque : une halte par-ci pour laisser reposer l'animal, une autre par-là pour passer la nuit dans une cabane perdue au milieu d'une nature sauvage. Parfois, quelques rugissements de guépards et de panthères, mêlés à des rires aigus de singe, viennent troubler pour quelques minutes la marche monotone de l'animal. Le voyage semble donc se poursuivre sans incident quand soudain l'éléphant, après avoir donné quelques signes d'agitation, s'arrête.

1. **Un zébu** : sorte de bœuf à bosses.

Compréhension **orale**

DELF **1** Écoutez l'enregistrement du chapitre et cochez la bonne réponse.

1. Qui est Fix ?

  a. ☐ C'est un détective français.

  b. ☐ C'est un détective anglais.

  c. ☐ C'est un escroc.

2. Qu'est-ce qu'il a compris depuis longtemps ?

  a. ☐ Il a compris que les grands escrocs ressemblent à d'honnêtes gens.

  b. ☐ Il a compris que les honnêtes gens ressemblent à des escrocs.

  c. ☐ Il a compris qu'il ne peut pas trouver son voleur parmi les gentlemen.

3. Pourquoi ne peut-il pas arrêter immédiatement Mr. Fogg ?

  a. ☐ Parce qu'il a besoin d'une lettre d'autorisation.

  b. ☐ Parce qu'il a besoin d'un mandat d'arrêt français.

  c. ☐ Parce qu'il a besoin d'un mandat d'arrêt anglais.

4. Que fait-il pour approfondir son enquête ?

  a. ☐ Il engage la conversation avec Phileas Fogg.

  b. ☐ Il engage la conversation avec Passepartout.

  c. ☐ Il décide de suivre le domestique.

5. Que fait Phileas Fogg pendant la traversée de la mer Rouge ?

  a. ☐ Il dort et lit les journaux.

  b. ☐ Il dort et il mange.

  c. ☐ Il joue au whist.

6. Qu'est-ce qui préoccupe Passepartout ?

   a. ☐ Le pari de son maître.

   b. ☐ Le détective.

   c. ☐ Le voyage.

7. Que se passe-t-il entre Bombay et Calcutta ?

   a. ☐ Le train s'arrête à cause d'une panne.

   b. ☐ Le train prend du retard.

   c. ☐ Le train s'arrête car il n'y a plus de voie ferrée.

8. Quel est le moyen de transport utilisé par Phileas Fogg ?

   d. ☐ Un poney.

   e. ☐ Un éléphant.

   f. ☐ Une charrette tirée par des zébus.

9. Qu'est-ce que fait l'éléphant ?

   a. ☐ Il donne des signes d'agitation et se met à courir.

   b. ☐ Il donne des signes d'agitation et se couche.

   c. ☐ Il donne des signes d'agitation et s'arrête.

2 **Relisez le chapitre et complétez le tableau suivant.**

Noms des villes, des ports, des pays	
Nom de la mer	
Dates des étapes du voyage	
Moyens de locomotion de Mr. Fogg	

Enrichissez votre **vocabulaire**

1 La végétation et la faune sauvages. Retrouvez dans le chapitre les mots qui correspondent aux photos suivantes.

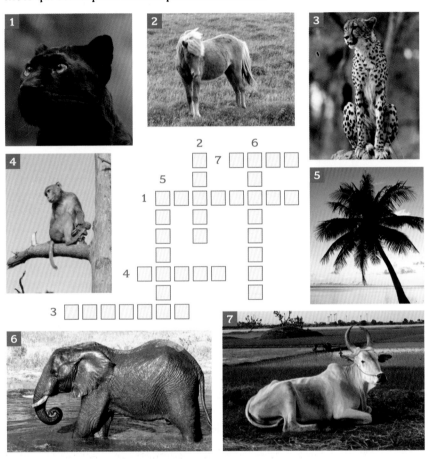

2 Les synonymes. Retrouvez dans le chapitre les mots qui ont la même signification que les mots suivants.

Un voleur : ....

Agitée : ....

Un bateau : ....

La voie ferrée : ....

Grammaire

Le passé composé

Le passé composé des verbes en **-er** est régulier (sauf **aller**). Il se forme avec l'auxiliaire **avoir** ou **être** au présent et le participe passé du verbe.

manger → j'**ai** mang**é**

Le participe passé des autres verbes :

avoir → eu (j'ai eu) être → été (j'ai été)
faire → fait découvrir → découvert

Participes en -*u* **Participes en -*i***

lire → lu finir → fini
voir → vu grandir → grandi
attendre → attendu
vouloir → voulu prendre → pris
devoir → dû
pouvoir → pu
connaître → connu dire → dit

La forme négative du passé composé :

Sujet + **ne/n'** + auxiliaire + **pas** + participe passé

*Il **n' a pas** mangé.*

1 Retrouvez dans le chapitre le participe passé des verbes suivants.

Comprendre : ....

Convaincre : ....

Écrire : ....

Emporter : ....

Trouver : ....

2 Complétez les phrases avec les verbes de l'encadré au passé composé.

finir	avoir	être	vouloir	comprendre	écrire	découvrir

1. Vous .... bien .... l'exercice.
2. Hier, il .... son travail à vingt heures.
3. En 1492, Christophe Colomb .... l'Amérique.
4. J'................. malade la semaine dernière.
5. Ils n'................. pas .... à leurs parents.
6. Nous n'................. pas .... sortir hier soir.
7. Tu .... beaucoup de chance de trouver une place.

CHAPITRE **4**

Où Passepartout devient un héros

22 octobre

On entend alors un vague concert de voix humaines et d'instruments de cuivre[1] qui s'approche. Le guide saute à terre et s'enfonce dans un buisson épais. Lorsqu'il revient, il annonce un peu ému :

— C'est un *sutty* !

— Qu'est-ce qu'un *sutty* ? demande Phileas Fogg.

— À la mort de leur mari, les épouses acceptent d'être brûlées vives avec leur mari. La jeune femme que nous venons de voir passer a tenté plusieurs fois de s'échapper. Elle refuse le sacrifice. Son histoire est connue, elle s'appelle Aouda. C'est une Indienne d'une grande beauté. Elle a reçu une éducation à l'européenne.

---

1. **Un instrument de cuivre** : instrument à vent en cuivre comme la trompette.

Elle est devenue veuve trois mois après avoir été mariée à un vieux prince. Elle sera sacrifiée demain au lever du jour.

— Cette coutume existe encore ! s'étonne Phileas Fogg sans trahir la moindre émotion.

— La malheureuse ! Brûlée vive ! murmure Passepartout.

— On peut peut-être sauver cette femme. On a encore quelques heures d'avance sur notre itinéraire, ajoute Phileas Fogg.

— Vous savez, ajoute le guide, que nous risquons notre vie si nous sommes pris.

— En ce qui me concerne, je suis prêt, répond Phileas Fogg.

— Moi aussi, dit à son tour Passepartout avec enthousiasme.

Passepartout est heureux de découvrir finalement chez Phileas Fogg une certaine sensibilité, une âme sous cette enveloppe de glace.

C'est ainsi qu'après avoir pris leur décision, ils se rendent, avec l'aide du guide, sur les lieux où la jeune femme est emprisonnée. Une demi-heure de marche leur suffit pour arriver à la pagode. Ils discutent alors, cachés dans la forêt qui l'entoure, des moyens de sauver la jeune femme. Malheureusement, il y a des gardes armés partout et ils arrivent à la conclusion que rien ne peut être tenté. Ils semblent perdre espoir lorsque Passepartout annonce qu'il a peut-être une idée. Sans rien révéler, il suggère juste d'attendre le lendemain matin pour agir. Au lever du soleil, lorsque la foule et les gardes se réveillent pour accomplir le supplice, nos voyageurs se mêlent aux gens et s'approchent du bûcher [1] qui doit être allumé d'une minute à l'autre. Dans la demi-obscurité, ils voient la jeune femme qui semble sans vie, étendue à côté de son mari défunt. Puis, un

---

1. **Un bûcher** : ici, amas de bois sur lequel on brûle les condamnés.

homme, une torche à la main, s'approche et le bois imprégné d'huile s'enflamme aussitôt. Phileas Fogg s'apprête à s'élancer vers le bûcher pour tenter un dernier geste quand, tout à coup, un cri de terreur s'élève de la foule. Le mari n'est pas mort ! À travers les flammes, on le voit se lever du bûcher, prendre la jeune femme dans ses bras et s'enfuir… On peut facilement imaginer la surprise du guide et le contentement de Phileas Fogg lorsqu'ils découvrent que le mari ressuscité n'est autre que Passepartout ! Pour sauver la jeune femme, celui-ci s'est glissé au risque de sa vie jusqu'au bûcher.

Un instant après, nos héros et leur nouvelle compagne disparaissent dans la forêt poursuivis par les gardes en colère : ils ont découvert la ruse de Passepartout.

Kiouni, habilement guidé, court rapidement dans la forêt encore obscure et permet ainsi à nos voyageurs d'échapper à leurs poursuivants. Mrs. Aouda commence à revenir à elle lorsqu'ils arrivent à la gare d'Allahabad. Passepartout pense qu'elle est tout simplement charmante ; il voit les beaux yeux de la jeune femme retrouver toute leur douceur : elle est d'une beauté admirable. Phileas Fogg remercie le guide pour son dévouement en lui offrant Kiouni. Un éléphant, c'est la fortune assurée pour ce jeune guide ! Après de touchants adieux, Phileas Fogg, Passepartout et leur nouvelle compagne prennent donc le train en direction de Calcutta. Il pénètre dans la vallée du Gange lorsque la jeune femme reprend tout à fait ses esprits. Phileas Fogg se présente et lui raconte tout ce qui s'est passé. Mrs. Aouda est très émue : ils ont risqué leur vie pour elle !

Enfin, ils arrivent à sept heures du matin à Calcutta. Le paquebot pour Hong-Kong ne part qu'à midi : d'après l'itinéraire de Phileas Fogg, ils ne sont ni en retard ni en avance. Les deux

jours gagnés entre Londres et Bombay ont été perdus, mais on imagine bien que personne ne le regrette puisqu'ils ont permis de sauver une jeune femme d'une mort certaine.

Mais, au fait, qu'est devenu notre détective ?

Voilà qu'on retrouve notre ami Fix lui aussi sur le paquebot pour Hong-Kong. Comment a-t-il fait pour arriver là ? On ne sait pas. En tout cas, il espère avoir le mandat d'arrêt pour Phileas Fogg.

Après une escale à Singapour, le bateau suit la direction de Hong-Kong où ils doivent prendre, le 6 novembre au matin, un autre navire pour Yokohama, l'un des principaux ports du Japon.

Malheureusement, une tempête au cours de la traversée fait perdre vingt-quatre heures sur l'itinéraire prévu : ils arrivent donc à Hong-Kong le 6 novembre à midi au lieu du 5 prévu. On devine dans quelle colère se trouve Passepartout : tout a si bien marché jusqu'à présent ! Le bateau pour Yokohama est peut-être déjà parti ? Et comme il n'y a qu'un départ par semaine, le pari de son maître est peut-être perdu ! Tandis que Passepartout médite sur cette terrible situation, il voit Phileas Fogg toujours tranquille s'approcher du pilote.

— Savez-vous quand part le prochain bateau pour Yokohama ?

— Demain matin, répond le pilote.

— Mais il ne devait pas partir ce matin ?

— Il est tombé en panne et on a dû le réparer.

Passepartout, trop content de cette nouvelle inattendue, serre vigoureusement la main du pilote, étonné par cette amicale attention. Encore une fois, le hasard sert singulièrement Phileas Fogg, qui note cependant un retard de vingt-quatre heures sur son itinéraire.

Compréhension **orale et écrite**

DELF **1** Écoutez l'enregistrement du chapitre et remettez les phrases suivantes dans l'ordre chronologique.

a. ☐ Passepartout annonce qu'il a une idée.

b. ☐ Ils entendent un concert de voix humaines et d'instruments de cuivre.

c. ☐ On voit à travers les flammes le mari prendre Aouda et s'enfuir.

d. ☐ Le mari ressuscité n'est autre que Passepartout !

e. ☐ Passepartout est en colère parce qu'ils ont pris du retard.

f. ☐ Pour remercier le guide, Phileas Fogg lui offre Kiouni.

g. ☐ Mrs. Aouda est très émue car ils ont risqué leur vie pour elle.

h. ☐ Le guide annonce qu'il s'agit d'un *sutty*.

i. ☐ Arrivés à la pagode, ils se rendent compte qu'ils ne peuvent rien faire.

j. ☐ Ils décident de sauver la jeune femme.

2 Qu'est-ce qu'un *sutty* ? Choisissez parmi les trois textes suivants celui qui correspond à la définition d'un *sutty*.

1. ☐ À la mort de leur épouse, les maris acceptent d'être brûlés vifs avec leur femme. Le sacrifice s'effectue aux premières heures du jour.

2. ☐ À la mort de leur mari, les épouses acceptent d'être brûlées vives avec leur mari. Le sacrifice s'effectue au coucher du soleil.

3. ☐ À la mort de leur mari, les épouses acceptent d'être brûlées vives avec leur mari. Le sacrifice s'effectue aux premières heures du jour.

3 Un peu de géographie. Quel est le nom des villes et des pays traversés au cours du chapitre ? Indiquez la prochaine étape.

Enrichissez votre **vocabulaire**

1 À l'aide de l'encadré, écrivez les mots qui correspondent aux photos suivantes.

une pagode	l'aube	une tempête
une torche	des cuivres	des flammes

1 [   ]

2 [   ]

3 [   ]

4 [   ]

5 [   ]

6 [   ]

43

Production **écrite**

DELF **1** Décrivez physiquement et moralement
la nouvelle compagne de Phileas Fogg et
Passepartout. Vous pouvez vous aider
des questions suivantes.

1. Quelle est son histoire ?
2. Comment réussit-elle à échapper à
   son sort ?
3. Comment est-elle physiquement ?
4. Quelle éducation a-t-elle reçue ?
5. Quels sont ses sentiments lorsqu'elle
   revient à elle ?

DELF **2** Vous êtes à la place de Phileas Fogg. Vous envoyez une carte postale à
vos collègues du Reform Club. Vous racontez les péripéties du chapitre
4 en 60-80 mots. N'oubliez pas de préciser le(s) destinataire(s), le lieu,
la date et les formules de politesse.

L'Inde dans le roman
et aujourd'hui

Présentation géographique

Dans son roman *Le tour du monde en 80 jours*, Jules Verne définit ainsi l'Inde : « Ce grand triangle renversé dont la base est au nord et la pointe au sud. » L'Inde est, en effet, un grand pays triangulaire pris entre la longue chaîne de l'Himalaya au nord et l'Océan indien au sud. C'est le septième pays au monde par sa superficie.

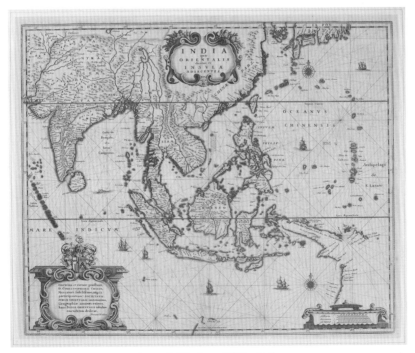

Carte de l'Inde au XIXe siècle.

La faune et l'environnement

Aujourd'hui, seulement environ 10% du pays est couvert de forêts et seulement 4% est protégé. Durant les dernières décennies, le gouvernement a pris des mesures sérieuses pour améliorer la gestion de l'environnement et a établi plus de 350 parcs, sanctuaires et réserves.

La faune de l'Inde est composée principalement de lions, tigres, léopards, panthères, éléphants et rhinocéros. Le pays possède aussi une riche variété de cerfs et d'antilopes, de buffles sauvages, de massifs bisons indiens, d'ours, de hyènes rayées, de porcs sauvages, de chacals et de chiens sauvages indiens. Il y a aussi une population très importante de singes comme les macaques. La famille des

reptiles comprend de magnifiques king cobras, des pythons, des crocodiles, de grandes tortues d'eau douce et des lézards. Dans la famille des oiseaux, on rencontre des aigles et des hiboux ainsi que l'oiseau national de l'Inde, le paon.

La particularité de l'éléphant d'Asie : il est plus petit que l'éléphant d'Afrique. Ses oreilles sont moins grandes et ses défenses [1] sont le plus souvent courtes et légères. C'est une monture très recherchée : rapide et docile, l'éléphant peut supporter des charges importantes. Il a été utilisé pour la guerre. Il portaient alors des armures métalliques. La puissance d'un souverain se mesurait au nombre d'éléphants qu'il possédait.

1. **Les défenses :**

Petite histoire de l'Inde britannique

Au début du XVIe siècle, l'Inde est un champ de rivalités pour les pays occidentaux qui y installent des comptoirs [1] : Portugais, Hollandais, Français (Pondichéry, Chandernagor) et Britanniques (Bombay, Calcutta, Madras). Les Français et les Anglais entrent en lutte pour obtenir des concessions territoriales. La guerre franco-anglaise prend fin avec le traité de Paris en 1763 et l'entreprise de colonisation britannique devient systématique. Pour développer l'économie coloniale, les Britanniques augmentent la production de fer et de

Gare Victoria, Bombay.

1.   **Un comptoir** : installation commerciale dans un pays éloigné.

charbon, développent les plantations de thé, de café et de coton, et commencent la construction du vaste réseau ferroviaire de l'Inde.

En 1857, les Britanniques doivent faire face à la révolte des cipayes (soldats indigènes) qui se rebellent contre la domination britannique : la chute de l'Empire mogol (Empire indien au pouvoir depuis le début du XVIe siècle) est proclamée en 1858.

Le nationalisme indien prend une véritable ampleur avec Mahatma Gandhi. En 1915, Gandhi rentre d'Afrique du Sud, où il a exercé le métier d'avocat, et concentre son attention sur la question de l'indépendance. Il adopte une politique de résistance non-violente à la règle britannique. En 1942, il lance le mot d'ordre « Quittez l'Inde ». En 1944, il obtient quelques concessions de la part des Britanniques qui finissent par accepter l'indépendance.

Le 15 août 1947, l'indépendance de l'Union indienne est proclamée et Nehru devient Premier ministre. L'ex-Empire britannique est divisé en deux États : la République indienne et la République islamique du Pakistan.

La pagode : on appelle pagode le temple bouddhiste et en général le temple des régions asiatiques.

Le Gange : il prend sa source d'un glacier himalayen à 4 200 mètres d'altitude. Après un parcours de 3 000 kilomètres, il forme un immense delta dans le golfe du Bengale. C'est le fleuve sacré de l'Inde. Des milliers de pèlerins viennent s'y baigner pour se purifier et des bûchers funéraires y brûlent en permanence.

Bombay : en 1872, au moment où Jules Verne écrit son roman, Bombay est un grand centre économique, industriel et financier.

Au début du XXe siècle, c'est le deuxième port de l'Inde après Calcutta.

Calcutta : en 1843, cette ville portuaire devient la capitale politique de l'Inde anglaise.

Le *sutty* ou *satî* : cette coutume, qui oblige la veuve à se faire brûler avec le cadavre de son mari, a été interdite par les Anglais en 1829. Mais il est possible qu'au moment du roman de Jules Verne, en 1872, elle ait été encore pratiquée dans des régions mal contrôlées.

Varanasi, le long du Gange.

1 À l'aide du texte, faites une chronologie de l'histoire de l'Inde.

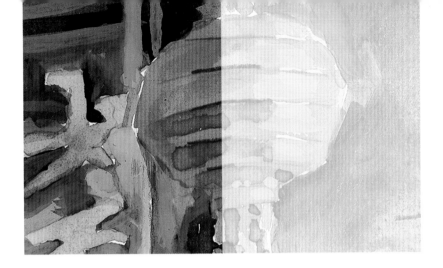

CHAPITRE **5**

Où Passepartout devient équilibriste

6 novembre

Pour Fix, Hong-Kong est la dernière terre anglaise [1] du parcours, donc la dernière possibilité d'arrêter Phileas Fogg avec un mandat. Or, quelle est sa stupeur lorsqu'il apprend que le mandat n'est pas encore arrivé à Hong-Kong. Que faire ? Sa dernière chance est de retenir Phileas Fogg plusieurs jours dans cette ville pour attendre que le mandat arrive. Mais comment faire ? Fix voit Passepartout qui traverse la passerelle du *Carnatic*, le navire qui doit les porter à Yokohama. Ils se croisent au moment où Passepartout, d'un pas décidé, descend sur le quai.

---

1. En 1872, Hong-Kong est une colonie anglaise.

— Je n'ai pas le temps de vous parler, Fix, je dois courir à l'hôtel pour prévenir mon maître que le *Carnatic* part ce soir et non demain matin. Les réparations sont déjà finies...

— Permettez-moi au moins de vous accompagner.

C'est ainsi que nos deux hommes discutent, échangent leurs avis sur la ville et le voyage quand, d'un seul coup, Fix a une idée. Il a trouvé la solution pour retenir Phileas Fogg à Hong-Kong : empêcher le domestique de prévenir son maître du départ anticipé du *Carnatic*. Et Passepartout, emporté dans la discussion avec Fix, se laisse séduire lorsque celui-ci l'invite à prendre un verre. En moins d'une heure, l'objectif du détective est atteint : Passepartout est complètement ivre. Il s'approche de lui, vérifie qu'il est incapable de se lever : « Enfin, Fogg ne sera jamais prévenu à temps du départ anticipé du bateau ». Et tandis que Fix se dirige vers la sortie du bar, il se réjouit déjà à l'idée d'arrêter Mr. Fogg.

Le lendemain matin, lorsque Mr. Fogg se réveille, il est un peu surpris de ne pas voir Passepartout répondre au coup de sonnette. Après avoir préparé les valises et payé la note d'hôtel, notre gentleman, accompagné de Mrs. Aouda, se rend au port. Il ne s'étonne même pas de ne pas voir le *Carnatic* à quai et il est toujours impassible quand on lui annonce que le paquebot est parti depuis hier soir ! Voilà donc notre gentleman sans bateau et sans domestique et pourtant rien ne lui semble plus naturel. Fix est lui aussi sur le quai et assiste avec une grande joie à la défaite de Phileas Fogg qu'il tient presque entre ses mains... Pas tout à fait, car notre gentleman cherche un autre bateau pour faire le voyage et ce ne sont pas les bateaux qui manquent au

port de Hong-Kong ! Fix suit de loin le couple, lorsqu'il voit le capitaine d'un navire s'avancer vers Fogg. À son tour, le détective décide de s'approcher quand il entend les derniers mots de la conversation : Fogg a conclu un accord pour que le capitaine emmène le couple sur son bateau. Quel désespoir et quelle colère pour Fix ! Ce Phileas Fogg réussit toujours à se tirer d'affaire ! Le détective semble anéanti et son regard triste n'échappe pas à notre gentleman.

— Vous cherchez un navire pour faire la traversée ? demande Phileas Fogg à Fix.

— Euh.. oui.

— Je vous invite à faire la traversée avec nous, si vous voulez.

« Tant pis, pense-t-il, s'il le faut, je suivrai mon voleur jusqu'au bout du monde ! » Rassuré par cette décision, il accepte la proposition de Phileas Fogg. Ce dernier ne se doute de rien, et comment le pourrait-il ? Il semble ne s'intéresser à rien d'autre qu'à poursuivre son voyage.

Une heure plus tard, le bateau quitte le port de Hong-Kong en direction de Yokohama, où ils doivent embarquer sur le *Carnatic* pour faire la traversée du Pacifique.

Qu'est devenu Passepartout ? Notre ami s'est réveillé à temps de son ivresse pour monter à bord du *Carnatic*. Après avoir cherché Phileas Fogg et Mrs. Aouda sur le bateau sans les trouver, il s'est alors rappelé de la conversation avec Fix. Surtout, il s'est rendu compte qu'il n'a pas prévenu son maître du départ anticipé du bateau. Il se sent désespéré car il a l'impression d'avoir trahi Phileas Fogg et pense que tout est peut-être perdu à cause de lui ! Sa situation n'est pas enviable,

Où Passepartout devient équilibriste

surtout qu'il n'a plus un sou en poche [1]. Arrivé à Yokohama, il se met à errer dans les rues de la ville, le ventre et les poches vides. Pour obtenir un peu d'argent, Passepartout décide d'échanger son vêtement européen contre un vieux vêtement japonais chez un brocanteur [2]. Mais cet argent lui suffit juste pour faire un repas et il se retrouve quelques heures plus tard de nouveau dans une situation déplorable. Il a besoin d'argent, certes, pour manger et dormir mais surtout pour se rendre en Amérique et retourner en Angleterre. Passepartout continue à errer, l'âme en peine, dans les rues de Yokohama, lorsqu'il passe devant l'établissement de Batulcar, directeur d'une troupe de gymnastes, acrobates, clowns... L'affiche à l'entrée indique que la troupe donne ses dernières représentations avant d'aller en Amérique. « Quelle chance ! s'écrie Passepartout, voilà la solution ! » Il décide de se présenter au directeur.

— Vous êtes Français, vous ? lui demande Batulcar en le regardant de la tête aux pieds.

— Oui, un Parisien de Paris.

— Alors, vous devez savoir faire des grimaces ?

— Euh... oui, répond Passepartout, un peu vexé par cette question.

— Bon, alors je peux vous prendre comme clown et homme à tout faire selon les besoins.

Évidemment, ce n'est pas une position très flatteuse, mais c'est juste ce qu'il lui faut pour aller en Amérique. Le soir même, en raison de l'absence d'un acrobate, Passepartout participe à un

---

1. **Ne plus avoir un sou en poche** : ne plus avoir d'argent.
2. **Un brocanteur** : persone qui achète et vend des objets usagés.

numéro d'équilibriste. Voilà donc le domestique de Phileas Fogg qui porte sur ses épaules vigoureuses le poids de plusieurs hommes ; il forme avec d'autres équilibristes la base d'une pyramide humaine. Les applaudissements redoublent, les instruments d'orchestre éclatent comme des coups de tonnerre, lorsque d'un seul coup la pyramide s'écroule comme un château de cartes. Que s'est-il passé ?

Phileas Fogg, Mrs. Aouda et le détective Fix sont arrivés le 14 novembre à Yokohama. Après être montés à bord du *Carnatic*, ils apprennent à la grande joie de Mrs. Aouda que Passepartout est arrivé la veille, le 13 novembre, à Yokohama. C'est ainsi qu'ensemble, avant le départ du *Carnatic* pour l'Amérique, ils se mettent à chercher Passepartout à travers la ville. Après quelques heures de recherches vaines, Phileas Fogg décide avec une sorte de pressentiment d'aller voir le spectacle de la troupe de Batulcar. Il ne peut pas reconnaître son serviteur déguisé pour les besoins du spectacle. En revanche, Passepartout, bien que concentré sur son numéro d'équilibriste, a tout de suite aperçu son maître parmi les spectateurs et n'a pas attendu la fin du spectacle. Il a tout simplement voulu rejoindre immédiatement Phileas Fogg et a laissé tomber toute la pyramide humaine... Quel spectacle ! Comme le temps presse, ils n'ont pas pris le temps d'aller s'excuser auprès de Batulcar, très en colère à cause de l'échec du numéro, et sont allés aussitôt s'embarquer sur le *Carnatic*.

Compréhension **orale**

DELF **1** Écoutez l'enregistrement du chapitre et dites si les affirmations sont vraies (V) ou fausses (F).

	V	F
1. Hong-Kong est la dernière possibilité pour le détective d'arrêter Mr. Fogg.	☐	☐
2. Il suffit de retenir Mr. Fogg plusieurs heures jusqu'à l'arrivée du mandat.	☐	☐
3. Fogg est surpris de ne pas voir le *Carnatic* à quai.	☐	☐
4. Fix assiste avec désespoir à la défaite de Phileas Fogg.	☐	☐
5. Fogg ne réussit pas à conclure un accord avec le capitaine du bateau.	☐	☐
6. Fix décide de suivre son voleur jusqu'au bout du monde.	☐	☐
7. Passepartout a réussi à monter à bord du *Carnatic*.	☐	☐
8. Le directeur Batulcar n'accepte pas de prendre Passepartout dans sa troupe.	☐	☐
9. La pyramide humaine s'écroule car le domestique a reconnu Fogg dans le public.	☐	☐

Enrichissez votre **vocabulaire**

1 Associez chaque mot à son synonyme.

1. ☐ Parler		a. un spectacle
2. ☐ Discussion		b. surpris
3. ☐ Prendre un verre		c. discuter
4. ☐ Étonné		d. désespéré
5. ☐ Anéanti		e. boire un verre
6. ☐ Embarquer		f. monter à bord
7. ☐ Une représentation		g. conversation

2 Retrouvez les mots qui correspondent au dessin.

a. les valises   b. les épaules   c. le ventre   d. les poches

e. les vêtements   f. l'affiche   g. une grimace   h. un acrobate

i. un clown   j. les applaudissements   k. un orchestre

3 Écoutez l'enregistrement et complétez le texte.

> spectacle   troupe   gymnastes   grimaces
> orchestre   équilibristes   acrobates   applaudir
> représentation   clowns   invite   numéros

Au cirque ce soir, vous pourrez assister au plus beau [1] ....
que vous n'ayez jamais vu ! La [2] .... du cirque vous
[3] .... à une [4] .... exceptionnelle : vous pourrez
rire avec les [5] ...., retenir votre souffle avec nos fameux
[6] ...., soutenir nos [7] .... dans leur numéro très
spécial. Ce soir, deux [8] .... particuliers : les [9] ....
de notre parisien Passepartout et nos [10] .... qui formeront
pour vous la pyramide humaine ! Ne ratez pas ce spectacle ! Ce soir,
vous pourrez [11] .... nos artistes et rire plus fort que notre
[12] ....

Grammaire

La localisation dans l'espace : les villes et les pays

à, en, au(x) indiquent la ville, le pays, le continent où on est ou où on va.
à + ville ou pays sans article
Je suis à Nice. Il est à Lisbonne. Nous allons à Cuba.

en + pays féminin ou continent
Je suis en Italie. Tu habites en France. Vous vivez en Europe.

au + pays masculin, aux + pays pluriel
Ils vont aux États-Unis. Il va au Brésil puis au Japon.

1 Retrouvez d'autres noms de pays et de villes accompagnés de leur
article dans le chapitre.

2 Faites des phrases à partir des destinations suivantes : France,
Australie, Calcutta, Europe, Paris, Rome, Madrid, Berlin. Vous pouvez
utiliser les verbes *habiter, aller, vivre, être*.

CHAPITRE **6**

Où nos amis prennent de très gros risques

14 novembre

e *Carnatic* réunit donc Phileas Fogg, Mrs. Aouda, Passepartout et Fix en direction de San Francisco. Passepartout se rappelle vaguement de la soirée avec Fix et commence à se poser beaucoup de questions. Pour quelle raison l'a-t-il entraîné dans un bar ? Et pourquoi fait-il le même voyage qu'eux ? Il donne légèrement l'impression de les suivre. Mais il est convaincu que le plus important est d'arriver à temps pour gagner le pari.

La traversée du Pacifique se déroule tranquillement, à tel point qu'on peut dire que cet océan porte bien son nom !

L'attachement de Mrs. Aouda pour Mr. Fogg se fait chaque jour un peu plus visible, tandis que le gentleman, de son côté, semble indifférent au charme de cette femme. En tout cas, lorsqu'ils débarquent à San Francisco, Mr. Fogg constate qu'il n'a encore ni gagné ni perdu une journée.

Le soir même, à dix-huit heures exactement, nos amis montent dans le train pour New York où les attend le 11 décembre la dernière étape de leur voyage : la traversée de l'Atlantique pour rejoindre l'Angleterre.

Une heure à peine après le départ du train, la neige a commencé à tomber. Pour le moment, cela ne peut avoir aucune conséquence sur la marche du train. Ils traversent donc sans incident l'État de la Californie. Vers neuf heures du matin, ils pénètrent dans l'État du Nevada, suivant la direction du nord-est. Le paysage se déroule sous leurs yeux et leur regard croise parfois un troupeau de bisons. Quand ces animaux ont adopté une direction, rien ne peut les arrêter. S'ils décident de passer sur les rails, le train n'a plus qu'à s'arrêter et attendre. C'est d'ailleurs ce qui arrive au train de Phileas Fogg. Ils doivent attendre trois heures avant de pouvoir repartir, un retard que Passepartout a du mal à digérer !

Dans l'État du Wyoming, la traversée des montagnes Rocheuses et son relief accidenté ralentissent un peu le train. Concentré sur ses parties de whist, ce n'est certainement pas Phileas Fogg que cette lenteur peut inquiéter. Notre ami Passepartout est le seul à être préoccupé, toujours poursuivi par la peur de perdre le pari. Il regarde par la fenêtre pour passer le

temps lorsque tout à coup, après de violents coups de sifflet, le train s'arrête. Il descend du wagon pour voir ce qui se passe. Le mécanicien et le conducteur discutent vivement avec un garde-voie que le chef de gare de Medicine Bow, la station suivante, a envoyé. Passepartout s'approche pour en savoir un peu plus.

— Il n'y a pas moyen de passer ! Le pont de Medicine Bow est ébranlé et ne peut supporter le poids du train, dit le garde-voie au conducteur.

— Mais nous n'allons pas rester ici à prendre racine dans la neige, s'écrie un passager exaspéré.

— Il suffit juste de traverser le pont à pied jusqu'à la prochaine gare où nous pourrons prendre un autre train, répond le conducteur.

— À pied ! Dans la neige ! s'exclame Passepartout qui pense au temps nécessaire pour rejoindre la prochaine gare.

— J'ai peut-être trouvé le moyen de passer, ajoute alors le mécanicien du train.

— Sur le pont ? demande un voyageur.

— Sur le pont.

— Avec notre train ?

— Avec notre train.

Passepartout est très intéressé aux paroles du mécanicien.

— Comment ? lui demande-t-il.

— Si on lance le train à son maximum de vitesse, on a quelques chances de passer.

— Diable ! lance Passepartout, qui imagine déjà les risques d'échec, tandis que les voyageurs semblent séduits par cette proposition.

— Je pense qu'il y a quelque chose d'autre de plus simple à faire... ajoute Passepartout sans avoir le temps de finir sa phrase.

— Inutile, c'est la meilleure solution, interrompt le conducteur.

— Et de plus prudent... tente encore Passepartout.

— De plus prudent ! Mais à grande vitesse, on a toutes les chances de passer. Allez ! On a assez perdu de temps. Tout le monde en voiture ! crie avec impatience un voyageur.

— Oui, en voiture, répète Passepartout. Ce n'est pas la peine d'insister, se dit-il. Il reste cependant convaincu que la meilleure idée est de faire passer d'abord les voyageurs à pied sur le pont, puis le train.

Tout le monde est en voiture, lorsqu'après un coup de sifflet vigoureux, le train fait marche arrière sur deux kilomètres. Puis, un second coup de sifflet retentit et la locomotive reprend sa marche en avant. Elle accélère jusqu'à atteindre sa vitesse maximale. Le train s'approche du pont à toute vapeur, on dirait une bombe prête à exploser ! Et, en un éclair, le convoi saute d'une rive à l'autre. Mais le train est à peine passé que le pont en un seul fracas est précipité dans le vide pour s'écraser dans le rapide [1] de Medicine Bow !

---

1. **Un rapide** : cours d'eau où le courant est rapide.

Compréhension **orale**

DELF ① Écoutez attentivement l'enregistrement du chapitre et cochez la bonne réponse.

1. Quelle est la prochaine étape du *Carnatic* ?
   a. ☐ Yokohama.
   b. ☐ San Francisco.
   c. ☐ L'Angleterre.

2. Comment réagit le gentleman face au charme de Mrs. Aouda ?
   a. ☐ Il semble très intéressé.
   b. ☐ Il ne semble pas indifférent.
   c. ☐ Il semble indifférent.

3. Quelle est la dernière étape de leur voyage ?
   a. ☐ La traversée de l'Atlantique.
   b. ☐ La traversée du Pacifique.
   c. ☐ New York.

4. Pourquoi est-ce que le train s'est arrêté pendant trois heures ?
   a. ☐ À cause de la neige.
   b. ☐ À cause d'une panne.
   c. ☐ À cause d'un troupeau de bisons.

5. Qui est préoccupé par la lenteur du train ?
   a. ☐ Phileas Fogg.
   b. ☐ Mrs. Aouda.
   c. ☐ Passepartout.

6. Pourquoi est-ce que le train s'arrête de nouveau ?
   a. ☐ Parce que le pont ne peut supporter le poids du train.
   b. ☐ Parce qu'il entre en gare de Medicine Bow.
   c. ☐ Parce qu'ils doivent changer de train.

7. Quelle est la solution proposée par le conducteur ?
   a. ☐ Attendre le prochain train.
   b. ☐ Marcher à pied jusqu'à la prochaine gare.
   c. ☐ Traverser le pont avec le train.

8. Quelle est la solution proposée par le mécanicien ?
   a. ☐ Lancer le train à son maximum de vitesse.
   b. ☐ Faire avancer le train très lentement.
   c. ☐ Retourner en arrière.

9. Quelle est l'idée de Passepartout ?
   a. ☐ Il a la même idée que le conducteur.
   b. ☐ Il a la même idée que le mécanicien.
   c. ☐ Il veut faire d'abord passer les voyageurs à pied sur le pont, puis le train.

10. Qu'est-ce qu'ils décident de faire ?
    a. ☐ Ils décident de suivre l'idée du conducteur.
    b. ☐ Ils décident de suivre l'idée du mécanicien.
    c. ☐ Ils décident de suivre l'idée de Passepartout.

11. Que se passe-t-il après le passage du train ?
    a. ☐ Le pont est précipité dans le vide.
    b. ☐ Le pont explose.
    c. ☐ Le pont est intact.

2 Reliez les questions et les réponses.

1. ☐ Pourquoi est-ce que Passepartout se pose des questions sur Fix ?
2. ☐ Pourquoi est-ce que l'océan Pacifique porte bien son nom ?
3. ☐ Qu'est-ce que constate Mr. Fogg à San Francisco ?
4. ☐ À quelle heure nos amis montent dans le train pour New York ?
5. ☐ Qu'est-ce qui se passe une heure après le départ du train ?
6. ☐ Qu'est-ce qu'ils voient dans l'État du Nevada ?
7. ☐ Qui joue au whist ?
8. ☐ Que fait Passepartout pour passer le temps ?

a. Ils montent dans le train à dix-huit heures exactement.
b. Phileas Fogg.
c. Il constate qu'il n'a encore ni gagné ni perdu une journée.
d. La neige commence à tomber.
e. Parce qu'il donne légèrement l'impression de les suivre.
f. Il regarde par la fenêtre.
g. Parce que la traversée s'est déroulée tranquillement.
h. Ils voient parfois un troupeau de bisons.

3 Indiquez dans le tableau ci-dessous le nom de la ville et des États traversés, l'heure ou la date, quand elle est indiquée dans le texte, et le moyen de transport utilisé.

Nom de la ville et des États traversés	Heure ou date	Moyen de transport

Enrichissez votre **vocabulaire**

1 Écoutez l'enregistrement puis complétez le texte.

> la locomotive   la neige   des bisons   les rails
>
> des montagnes   le rapide   le pont   sifflet   une bombe

Une heure après le départ, [1] .... a commencé à tomber. Mais ça n'a eu aucune conséquence sur la marche du train. Malheureusement, dans le Nevada [2] .... ont décidé de passer sur [3] .... et le train a dû attendre trois heures. La traversée [4] .... Rocheuses et son relief accidenté ont encore ralenti le train. Passepartout commence à être très préoccupé surtout lorsqu'il entend de violents coups de [5] .... Le train s'est de nouveau arrêté car il est impossible de passer sur [6] .... qui menace de tomber. Ils décident de lancer [7] .... à toute vitesse. On dirait [8] .... prête à exploser ! D'ailleurs après son passage, le pont s'écrase dans [9] .... de Medicine Bow !

2 Les moyens de locomotion et les prépositions. Regardez attentivement les dessins suivants et faites des phrases avec les expressions correspondantes.

b à vélo

a à pied

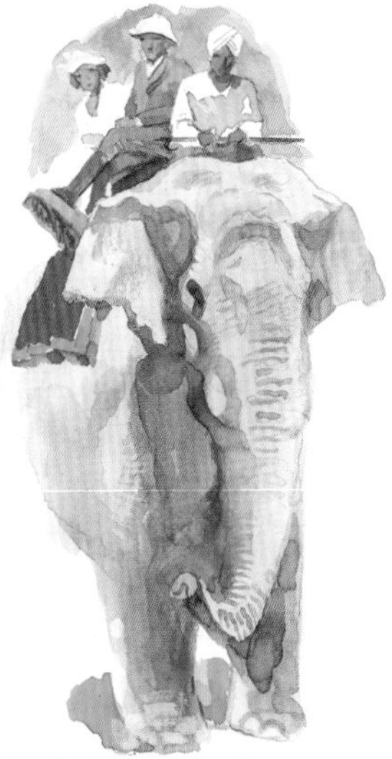

c à dos d'éléphant

d à cheval

e en bateau

f en train

g en avion

h en voiture

Grammaire

Les questions

— avec **l'intonation montante.**
Ils traversent le pont à pied ?

— avec **est-ce que** en début de phrase.
Est-ce qu'ils traversent le pont à pied ?

— avec **l'inversion** du pronom sujet.
Traversent-ils le pont à pied ?

— avec **un adjectif** ou **un adverbe interrogatif.**
Comment traversent-ils le pont ?

Attention ! Avec l'inversion du pronom, pour faciliter la prononciation, il faut ajouter un ***t*** euphonique quand le verbe se termine par une voyelle et qu'il est suivi par les pronoms ***il, elle, on.***
*Et Passepartout, traverse-**t**-il le pont à pied ?*

1 Utilisez pour chaque phrase les différentes formes interrogatives.

1. Nous allons rester ici à attendre.

   ....
   ....

2. Il neige.

   ....
   ....

3. Elle réussit à passer sur le pont.

   ....
   ....

4. Vous pensez passer sur le pont avec le train.

   ....
   ....

5. On lance le train à son maximum de vitesse.

   ....
   ....

Production **orale**

DELF **1** À l'aide du dernier dialogue du chapitre, préparez à deux (un(e) journaliste et un témoin) une interview sur les circonstances d'un accident ferroviaire que vous présenterez ensuite à la classe. Utilisez toutes les formes interrogatives que vous connaissez.

Production **écrite**

DELF **1** Lisez l'article suivant, puis répondez aux questions.

ACCIDENT FERROVIAIRE À MEDICINE BOW : 10 MORTS ET 23 BLESSÉS GRAVES.

Lundi 15 heures 50. Le train qui relie San Francisco à New York s'est écrasé alors qu'il traversait le pont qui relie les deux rives du rapide de Medicine Bow. Il roulait à sa vitesse maximale lorsque, selon les témoins, le pont s'est écroulé dans un brouhaha infernal, précipitant les derniers wagons du train dans le vide. Des travaux étaient prévus depuis longtemps pour remettre en état ce pont qui menaçait de s'écrouler. Nous ne connaissons pas encore les raisons du retard des travaux qui a causé la mort de dix personnes.

1. De quoi s'agit-il ?

   ....

2. Quelles sont les conséquences ?

   ....

3. Quelle est la cause de l'accident ?

   ....

4. Pourquoi le pont s'est-il écroulé ?

   ....

PROJET **INTERNET**

BUFFALO BILL

Au moment où Jules Verne écrit son roman, Buffalo Bill, le chasseur de bisons, est déjà entré dans la légende. Découvrez ce personnage mythique en lançant une recherche sur Internet grâce à un moteur de recherche et les mots-clés « Buffalo Bill et les hommes de l'aventure » et « Buffalo Bill et 19e siècle » puis répondez aux questions.

▶ Quel est le vrai nom de Buffalo Bill ?

▶ Qu'est-ce que lui propose de faire la Compagnie ?

▶ Qu'est-ce qu'il propose de faire et comment ?

▶ Quelle est la qualité de Bill ?

▶ Combien de bisons a-t-il tués ?

▶ Qu'est-ce que signifie son nouveau nom ?

▶ Dans quels pays se rend Buffalo Bill après 1887 ?

▶ Quel type de légende fait-il vivre ?

▶ Où et quand meurt-il ?

74

CHAPITRE **7**

Où Phileas Fogg montre son courage

L a route continue tranquillement à travers le Colorado. En trois jours et trois nuits, ils ont parcouru plus de 2 200 kilomètres : nos voyageurs se maintiennent dans leurs délais réglementaires. Tandis que pour Phileas Fogg une partie de whist succède à une autre, Mrs. Aouda et Fix se reposent, bercés par le mouvement régulier du train. Quant à Passepartout, il essaie d'imaginer quelle pourrait être leur prochaine mésaventure. Et il n'a pas tort, car les voyageurs viennent à peine de digérer le saut du pont, que le train est attaqué par une bande de Sioux ! Des coups de feu et leurs cris de guerre encerclent bientôt le train. Les voyageurs sont déjà prêts à riposter [1], lorsque les Sioux montent dans le train, assomment le mécanicien et le conducteur. Les wagons sont

---

1. **Riposter** : ici, se défendre.

alors transformés en champ de bataille, on crie, on se bat avec courage. Même Mrs. Aouda, un revolver à la main, se défend quand un Sioux se présente à elle. De nouveau, Passepartout doit jouer le héros et arrêter le train le plus vite possible. S'il réussit à l'arrêter à temps, les soldats du fort Kearney, qui se trouve à quelques kilomètres, pourront leur porter secours : après, il sera trop tard. C'est ainsi que notre serviteur-acrobate se faufile sous les wagons, tandis qu'il entend les balles siffler au-dessus de sa tête. La seule solution est de décrocher la locomotive du reste du train. En effet, quelques minutes plus tard, le train détaché commence à perdre de la vitesse. Les freins, manœuvrés à l'intérieur des wagons, permettent d'arrêter tout à fait le train et ce, à quelques pas du fort. Les soldats, attirés par les coups de feu, arrivent en hâte [1]. Les Sioux, qui ne les ont évidemment pas attendus, se sont déjà enfuis. Malheureusement, ils ont eu le temps d'emporter avec eux quelques souvenirs : deux voyageurs et ce courageux français dont le dévouement vient de sauver les passagers.

— Je le retrouverai, mort ou vivant, dit alors Phileas Fogg à Mrs. Aouda après quelques minutes de réflexion.

Mais cette résolution met définitivement fin à la possibilité de gagner son pari : un seul jour de retard peut lui faire manquer le paquebot à New York. À l'aide d'une trentaine de soldats du fort, Phileas Fogg se lance à la poursuite des Sioux pour sauver son serviteur Passepartout. Mrs. Aouda reste dans la salle d'attente de la gare, et là, seule, elle songe à Phileas Fogg, à cette générosité simple et grande, et à son courage. Mr. Fogg a sacrifié sa fortune et maintenant il joue aussi sa vie, sans hésitation, par

---

1. **En hâte** : rapidement.

devoir. Phileas Fogg est un héros à ses yeux. Fix, lui, ne pense pas la même chose : il se reproche déjà d'avoir laissé partir cet homme qu'il vient de suivre autour du monde. « C'est évident, il a compris qui je suis et il s'enfuit au premier prétexte ! »

Le temps est fort mauvais, le froid très vif. Mrs. Aouda quitte la salle d'attente à chaque instant car elle espère voir apparaître son héros à travers la tempête de neige. La nuit s'écoule ainsi sans signe de vie ni de Phileas Fogg, ni des autres. L'aube vient juste de se lever, lorsqu'on entend au loin des coups de feu. Est-ce un signal ? Fix, Mrs. Aouda et les soldats qui sont restés aperçoivent alors une petite troupe qui revient en bon ordre. Fogg marche en tête avec à ses côtés Passepartout et les deux voyageurs, arrachés aux mains des Sioux. Sains et saufs, ils sont accueillis par des cris de joie. Mais dès son arrivée, Passepartout, conscient du temps qu'il a fait perdre à son maître, s'informe sur l'heure des trains pour New York.

— Quand est-ce que passe le prochain train ? demande-t-il au chef de gare.

— Pas avant ce soir, Monsieur !

Ainsi, Phileas Fogg se trouve dorénavant en retard de vingt heures et par sa faute ! Passepartout essaie de trouver une solution quand il voit Fix s'approcher de Phileas Fogg.

— Vous êtes vraiment pressé ? lui demande-t-il.

— Oui, vraiment, lui répond l'impassible Fogg.

— Un homme vient de me proposer de faire en traîneau à voiles [1] le trajet jusqu'à la gare d'Omaha. Arrivés là-bas, nous pouvons prendre un train pour New York.

1. **Un traîneau à voiles :**

Le TOUR DU MONDE en 80 jours

Le détective présente alors l'homme qui lui a fait cette proposition. Après quelques minutes de discussion, il est décidé que le traîneau les portera tous à Omaha. Pendant l'hiver sur la plaine glacée, il arrive souvent d'utiliser ce moyen de transport très rapide d'une station à l'autre, lorsque les trains sont arrêtés par la neige. Une heure plus tard, le traîneau est prêt à partir. Les passagers sont serrés étroitement les uns contre les autres dans leur couverture de voyage. Sous l'impulsion du vent, les voilà partis, filant sur la neige durcie avec une rapidité de soixante-cinq kilomètres heure. La prairie, que le traîneau coupe en ligne droite, est plate comme un lac. Si aucun incident ne se produit,

ils peuvent atteindre Omaha en cinq heures. Au lieu d'arriver le matin à New York, ils y arriveront le soir, mais avec un peu de chance, le bateau pour Liverpool ne sera pas encore parti. Quelques heures plus tard, le pilote du traîneau indique un amas de toits blancs de neige et s'écrie : « Nous sommes arrivés ! ». Ils sautent alors tous à terre, remercient l'homme qui les a conduits et se précipitent à la gare d'Omaha. Par chance, ils trouvent un train direct prêt à partir pour New York. Deux jours après, le 11 décembre à onze heures du soir, ils arrivent à New York. Mais le *China*, à destination de Liverpool, est parti depuis quarante-cinq minutes !

Compréhension **orale**

DELF **1** Écoutez l'enregistrement du chapitre et dites si les affirmations sont vraies (V) ou fausses (F).

		V	F
1.	En quatre jours et quatre nuits, ils ont parcouru plus de 2 200 km.	☐	☐
2.	Le train est attaqué par une bande de voleurs.	☐	☐
3.	Passepartout doit de nouveau jouer le héros et arrêter le train.	☐	☐
4.	Les soldats ont entendu les coups de feu et arrivent en hâte.	☐	☐
5.	Dans la fuite, les Sioux ont eu le temps d'emporter Fix et Phileas Fogg.	☐	☐
6.	Avec l'aide d'une quarantaine de soldats, Fogg se lance à leur poursuite.	☐	☐
7.	L'aube vient de se lever lorsqu'on entend des coups de feu.	☐	☐
8.	Dès son arrivée, Passepartout s'informe sur l'heure des trains pour New York.	☐	☐
9.	Un homme a proposé à Fix de faire le trajet en traîneau à voiles jusqu'à la gare d'Omaha.	☐	☐
10.	Ils filent sur la neige à une vitesse de soixante-quinze kilomètres heure.	☐	☐
11.	Ils arrivent à New York à onze heures du matin.	☐	☐
12.	Le bateau qu'ils doivent prendre s'appelle le *China*.	☐	☐
13.	Heureusement, lorsqu'ils arrivent à New York, le bateau pour Liverpool n'est pas encore parti.	☐	☐

Compréhension **écrite**

DELF **1** Les sentiments des personnages. À quels sentiments correspondent les phrases du tableau ? À l'aide de l'encadré, trouvez le sentiment qui correspond à chaque phrase. Puis retrouvez à qui appartiennent ces sentiments.

> admiration   inquiétude   méfiance   mécontentement
> culpabilité   détermination   satisfaction

	Sentiments	Qui ?
1. Je le retrouverai, mort ou vivant.		
2. Le train a un retard de vingt heures par sa faute.		
3. Les nouveaux héros sont accueillis par des cris de joie.		
4. C'est un héros à ses yeux.		
5. Elle quitte à chaque instant la salle d'attente pour voir si son héros apparaît.		
6. Il se reproche d'avoir laissé partir cet homme.		

Phileas Fogg

Passepartout

Mrs. Aouda

Fix

Enrichissez votre **vocabulaire**

1 À l'aide des mots proposés, complétez le résumé du chapitre.

neige	toits	revolver	traîneau à voiles	couverture
	soldats américains		salle d'attente	Sioux

Tout à coup, une bande de [1] .... attaquent le train. Tout le monde se défend le [2] .... à la main. Heureusement, des [3] .... viennent leur porter secours. La jeune femme attend tranquillement dans la [4] .... de la gare le retour des héros. À l'aube, ils sont tous de retour sains et saufs. Leur prochain moyen de locomotion est le [5] .... Il fait très froid et les passagers sont serrés les uns contre les autres dans leur [6] .... de voyage. Grâce au vent, les voilà lancés à toute vitesse sur la [7] .... durcie. Quelques heures plus tard, des [8] .... blancs de neige leur indiquent qu'ils sont arrivés.

2 **Quel temps fait-il ? Lisez attentivement les expressions, puis retrouvez pour chaque dessin l'expression de temps qui convient.**

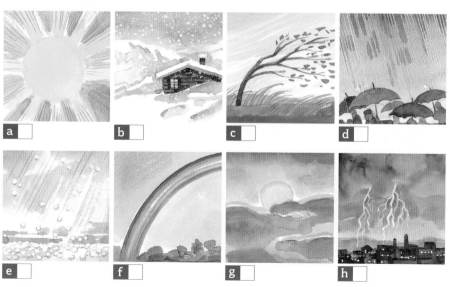

a   b   c   d

e   f   g   h

1. Il y a une tempête de neige et il fait très froid.
2. Il y a beaucoup de vent.
3. Il pleut.
4. Le temps est nuageux avec des éclaircies.
5. Il y a un orage : des éclairs illuminent le ciel !
6. Il grêle.
7. Il fait beau et chaud : c'est la canicule.
8. Il pleut et il y a du soleil : un arc-en-ciel !

3 Aidez-vous de l'exercice précédent pour parler du temps qu'il fait dans votre région à chaque saison.

En hiver, ...

Au printemps, ...

En été, ...

En automne, ...

Production **orale**

DELF **1** Choisissez l'un des deux documents suivants. Décrivez-le puis présentez-le à votre classe.

Les transports au XIXe
siècle et dans le roman

A travers son roman, Jules Verne fait découvrir à ses lecteurs la nouvelle géographie du monde du XIXe siècle. Grâce à la révolution des transports, les civilisations ne sont plus isolées comme avant. Tel est l'exemple de l'Inde qui est le premier grand pays traversé dans le roman. La révolution des transports y a fait ses premiers pas même si parfois il faut avoir recours à des moyens plus simples, comme le dos d'un éléphant !

La révolution ferroviaire du XIXe siècle

Au début du XIXe siècle, l'utilisation de la machine à vapeur pour actionner une locomotive révolutionne le monde des transports. La première locomotive à vapeur, capable d'entraîner plusieurs wagons sur voie ferrée, est mise au point par l'Anglais George Stephenson (1781-1848), vers 1814. La première voie ferrée a été construite en 1825 en Angleterre pour assurer le transport du charbon. La première ligne qui assure aussi le transport des voyageurs est réalisée en 1830.

En France, le chemin de fer naît dans des conditions identiques : réservé dans un premier temps aux marchandises (la première ligne ferroviaire est créée en 1828), elle s'ouvre en 1832 aux voyageurs (ligne qui relie Roanne à Saint-Étienne et à Lyon). Cette tendance se généralise rapidement dans toute l'Europe. Aux États-Unis, un véritable réseau ferroviaire se met en place dès 1832. Il dessert les grandes villes de la côte est.

La locomotive de George Stephenson (1825).
Musée Darlington Railway, Durnham, Angleterre.

En 1875, un demi-siècle après la naissance des premières voies ferrées, on compte 129 000 km de lignes aux États-Unis et 123 000 en Europe occidentale.

Les voyages en mer au XIXe siècle

Au cours du XIXe siècle, les voyages en mer subissent eux aussi une véritable révolution. Les navires équipés d'une machine à vapeur, d'une coque en fer et d'une hélice vont bientôt supplanter les bateaux à voiles.

En 1807, l'Américain Robert Fulton réalise le premier bateau à vapeur, le *Clermont*. Les premiers bateaux à vapeur sont équipés d'une roue à aube et sont utilisés pour la navigation intérieure. La première croisière transatlantique sur un bateau à vapeur au départ de Southampton a lieu en juillet 1844.

Le *Clermont*.

En 1850, on réalise le premier navire à hélice qui fait de la voile l'auxiliaire de la vapeur (et non plus le contraire). Vers 1870, le bateau à vapeur (le steamer), équipé d'une coque en fer et d'une hélice, va remplacer progressivement le voilier rapide à coque de fer (le clipper). Dans notre roman, le *Mongolia* et l'*Henrietta* sont des steamers en fer à hélice. Ils possèdent des voiles mais ils n'ont pas de roues à aube. En revanche, le steamer *Carnatic* possède, en plus, des roues à aube.

1 Relisez attentivement le texte et répondez aux questions.

Le chemin de fer

1. À quoi sert la construction de la première voie ferrée en Angleterre ?

....

2. Qu'est-ce qui est créé en 1828 ?

....

3. En France, quelle est la première ligne réservée aux voyageurs ?

....

Les voyages en mer

1. Qu'est-ce qu'un steamer et un clipper ?

....

2. Qu'est-ce que fait Robert Fulton en 1807 ?

....

3. Quelle est la particularité du bateau réalisé en 1850 ?

....

 PROJET **INTERNET**

Pour en savoir plus sur les moyens de transport au XIXe siècle, faites une recherche sur Internet pour savoir si, au cours de son voyage, Phileas Fogg aurait pu utiliser les moyens de transport suivants. Donnez les dates des inventions et les noms des inventeurs : la montgolfière (cherchez par « Invention de la montgolfière » puis cliquez sur « historique »); l'automobile (cherchez par « Invention de l'automobile »); l'avion (cherchez par « l'histoire de l'avion » puis cliquez sur « Clément Ader »); le sous-marin (cherchez par « L'invention du sous-marin »); le vélo (cherchez par « l'invention du vélo »).

CHAPITRE **8**

Où tout semble être perdu

11 décembre

Quand il est parti, le *China* a emporté avec lui le dernier espoir pour Phileas Fogg de gagner son pari. En effet, aucun des bateaux accostés au quai du port de New York ne peut servir les projets de notre gentleman : ils ne partent pas avant le 14 décembre. C'est trop tard pour être à Londres le 21 décembre à huit heures quarante-cinq au Reform Club. Passepartout est anéanti. Avoir manqué le paquebot pour quarante-cinq minutes ! Et en plus par sa faute.

Fogg ne lui fait cependant aucun reproche et se contente de dire :

— Nous verrons demain.

Le lendemain, c'est le 12 décembre et du 12, sept heures du matin, au 21, huit heures quarante-cinq du soir, il leur reste neuf jours treize heures et quarante-cinq minutes. Il est sept heures du matin quand Phileas Fogg sort de l'hôtel pour se rendre au port afin de trouver une embarcation. Après avoir cherché longuement un bateau possible, il rencontre le capitaine d'un paquebot nommé l'*Henrietta*.

— Vous partez dans combien de temps ? lui demande Phileas Fogg.

— Dans une heure en direction de Bordeaux, répond le capitaine.

— Voulez-vous nous transporter à Liverpool, moi et trois autres personnes ?

— À Liverpool, certainement pas, répond catégoriquement le capitaine.

— Alors, je vous offre deux mille dollars pour nous emmener à Bordeaux, propose Fogg après quelques secondes de réflexion.

— Deux mille dollars par personne ? répète le capitaine étonné par une proposition aussi alléchante. Il se gratte le front un peu perplexe puis, après quelques secondes de réflexion, il ajoute :

— Je pars à neuf heures.

Deux heures plus tard, nos quatre voyageurs se trouvent sur l'*Henrietta* en direction de Bordeaux. Le lendemain, 13 décembre, un homme monte sur le pont pour faire le point. Cet homme n'est pas le capitaine, mais Phileas Fogg. Ce qui s'est passé est très simple : Phileas Fogg a accepté de prendre passage pour Bordeaux et a acheté tout l'équipage. Voilà comment Phileas Fogg est devenu capitaine et pourquoi ils se dirigent en revanche vers Liverpool. Et voilà aussi pourquoi le vrai capitaine est enfermé dans sa cabine à pousser des hurlements de désespoir. Durant la traversée, Phileas Fogg s'avère être un marin hardi qui réussit malgré les éléments à tenir tête à la mer. Le 16 décembre, c'est le soixante-quinzième jour écoulé depuis le départ de Londres : la moitié de la traversée de l'Atlantique est accomplie. Ce jour-là, un mécanicien rejoint Phileas Fogg à la barre pour lui

annoncer qu'il n'y a plus de charbon pour aller à toute vapeur à Liverpool.

Fix de son côté ne sait plus quoi penser de son voleur : il est convaincu que le bateau ne se rend pas à Liverpool, mais que Fogg les emmène dans un lieu inconnu où, devenu pirate, il se mettra en sûreté pour échapper à la police.

Le 18, comme prévu, le combustible vient à manquer. Fogg fait venir le capitaine toujours enragé dans sa cabine.

— Je vous achète votre bateau, dit Fogg au capitaine de l'*Henrietta*.

— Pas question.

— Je vais devoir brûler votre navire ou en tout cas tout ce qui peut me servir comme combustible.

— Vous n'y pensez pas ! Brûler un bateau qui vaut 50 000 dollars !

— En voici 60 000 pour tout ce qui peut être utile comme combustible et je vous laisse la coque [1].

Cette proposition a un effet prodigieux sur le capitaine. Et c'est ainsi qu'en quelques jours ce beau bateau se trouve complètement rasé. Il ne reste plus que les structures en métal, dont la coque. Le 20 décembre, à l'approche de la côte irlandaise, il n'y a plus rien à brûler sur le bateau. Fogg décide alors d'accoster à Queenstown, le port le plus proche. On abandonne la carcasse rasée du navire et le capitaine après une bonne poignée de main [2]. Les voyageurs se précipitent à la gare pour se rendre à Dublin, la ville la plus importante d'Irlande, et de là, prendre un

---

1. **La coque** : la carcasse d'un navire.
2. **Une poignée de main** : geste amical de se serrer la main.

autre bateau pour Liverpool. Ce voyage semble interminable ! À midi moins vingt, le 21 décembre, ils débarquent enfin sur le quai de Liverpool. Ils ne sont plus qu'à six heures de Londres, juste le temps qu'il faut pour être à l'heure au Reform Club. Mais à ce moment-là, Fix s'approche de Phileas Fogg, lui met la main sur l'épaule.

— Vous êtes bien Phileas Fogg ? dit-il.

— Oui, Monsieur.

— Au nom de la reine, je vous arrête !

Et quelques instants plus tard, Phileas Fogg se retrouve dans un poste de police à Liverpool. Les sentiments de Passepartout sont faciles à imaginer : son plus grand désir est d'étrangler Fix. Cet homme qui a réussi à cacher son jeu pendant tout le voyage, qui a fait semblant d'être ami, quel traître ! Quant à Mrs. Aouda, inutile de préciser dans quel état elle se trouve : Fogg est ruiné au moment d'atteindre son but. Notre gentleman est assis sur un banc, calme, imperturbable, peut-être dans l'attente d'un miracle... lorsqu'un brouhaha [1] se fait entendre à l'extérieur. La porte s'ouvre brutalement et il voit se précipiter vers lui Fix, Mrs. Aouda et Passepartout. Fix est hors d'haleine [2], les cheveux en désordre... il ne réussit pas à prononcer un mot.

— Monsieur, balbutie-t-il, Monsieur... pardon... une ressemblance incroyable... Le voleur a été arrêté, il y a trois jours... vous... vous êtes libre !

---

1. **Un brouhaha** : rumeur, bruit de voix tumultueux.
2. **Hors d'haleine** : à bout de souffle.

Compréhension **orale**

DELF **1** Écoutez l'enregistrement du chapitre et cochez la case correspondant à la fin de la phrase.

1. Quand le *China* est parti,
- **a.** ☐ il a laissé à Phileas Fogg la possibilité de gagner son pari.
- **b.** ☐ il a emporté avec lui tous ses amis.
- **c.** ☐ il a emporté avec lui le dernier espoir pour Mr. Fogg de gagner son pari.

2. Face à la proposition de Mr. Fogg, le capitaine du bateau
- **a.** ☐ se gratte le front et accepte.
- **b.** ☐ accepte puis se gratte le front.
- **c.** ☐ se gratte le menton et accepte.

3. Un homme monte sur la passerelle pour faire le point,
- **a.** ☐ c'est le capitaine de l'*Henrietta*.
- **b.** ☐ c'est Passepartout !
- **c.** ☐ c'est Phileas Fogg !

4. Le 18 décembre, comme prévu,
- **a.** ☐ il y a encore du charbon.
- **b.** ☐ il n'y a presque plus de charbon.
- **c.** ☐ il n'y a plus de charbon.

5. Le 20 décembre, Fogg décide
- **a.** ☐ d'accoster à Queenstown.
- **b.** ☐ d'accoster à Liverpool.
- **c.** ☐ de continuer jusqu'à Dublin.

6. À cause de Fix, Phileas Fogg se retrouve
- **a.** ☐ dans le train pour Londres.
- **b.** ☐ dans un poste de police à Liverpool.
- **c.** ☐ dans un poste de police à Londres.

2 Écoutez attentivement l'enregistrement du chapitre et écrivez tous les chiffres que vous entendez dans le tableau ci-dessous.

Date	Heure	Dollars

DELF ❸ Écoutez de nouveau l'enregistrement du chapitre et complétez le tableau sur les sentiments des personnages en cochant la ou les bonne(s) case(s).

Sentiments	Passepartout	Fogg	Le capitaine	Mrs. Aouda
désespéré(e)				
coupable				
impassible				
intéressé(e)				
étonné(e)				
perplexe				
déterminé(e)				
hardi(e)				
méfiant(e)				
enragé(e)				
imperturbable				

Enrichissez votre **vocabulaire**

❶ Indiquez dans le tableau s'il s'agit d'un synonyme ou d'un antonyme.

Expressions	Synonyme	Antonyme
1. faire un reproche = faire des critiques		
2. flâner = se balader		
3. tenir tête = résister		
4. cacher son jeu = montrer		
5. un traître = un ami		
6. un brouhaha = un bruit confus		

2 Relisez le chapitre et écrivez le mot qui correspond à chaque dessin.

la passerelle   la barre   du charbon   un pirate   la coque

a

b

c

d

e

3 Les expressions autour de *manquer*. Précisez dans chacun des cas la signification du verbe.

1. ☐ manquer le paquebot   2. ☐ manquer un examen
3. ☐ manquer un train   4. ☐ manquer l'école

a. échouer   b. ne pas être présent   c. arriver trop tard

Grammaire

Situer un événement dans le temps

D'abord, ensuite, puis, alors, enfin

D'abord, *il n'a pas trouvé de bateau.*   **Ensuite**, *il en a trouvé un.*

Puis, *il l'a acheté.*   **Alors**, *il l'a rasé.*

Enfin, *il a rendu la coque au capitaine.*

1 Complétez à l'aide des expressions ci-dessus et remettez en ordre ces phrases.

a. ☐ ...., il se rend au travail.
b. ☐ ...., il s'habille.
c. ☐ ...., il se lève le matin à 6 heures.
d. ☐ ...., il arrive après deux heures d'embouteillage.
e. ☐ ...., il fait sa toilette et déjeune.

2 Utilisez ces expressions pour raconter ce que vous faites après l'école.

Production écrite

DELF **1** Imaginez que vous êtes Phileas Fogg. Vous tenez un journal dans lequel vous écrivez tous les événements qui se passent au cours de votre voyage. Vous racontez au choix :

1. le voyage sur l'*Henrietta* ;   2. la trahison de Fix.

DELF **2** Racontez en 60-80 mots une aventure qui vous est arrivée au cours d'un voyage.

CHAPITRE 9

Où il vaut mieux voyager vers l'est

21 décembre

P hileas Fogg est libre ! Il s'approche alors du détective qui vient de lui annoncer la nouvelle, le regarde dans les yeux et en un seul mouvement, il frappe de ses deux poings [1] le malheureux inspecteur.

— Bien fait ! s'exclame Passepartout heureux de la réaction de son maître.

Fix à terre ne prononce pas un mot. Il n'a que ce qu'il mérite ! Aussitôt, Phileas Fogg, Mrs. Aouda et Passepartout quittent le poste de police et rejoignent en voiture la gare de Liverpool. À trois heures, ils prennent un train pour Londres. Normalement, il est très possible de parcourir la distance Liverpool-Londres en cinq heures trente. Malheureusement, lors du trajet, le train

---

1. **Les poings** : les deux mains fermées.

prend du retard et quand le gentleman arrive à la gare, neuf heures moins dix sonnent à toutes les horloges de Londres. Phileas Fogg, après avoir accompli ce voyage autour du monde a un retard de cinq minutes !... Il a perdu.

Le gentleman reçoit ce dernier coup du sort avec son habituelle impassibilité. La jeune femme, en revanche, est désespérée et Passepartout, très inquiet, se préoccupe pour son maître. Rentrés au domicile du gentleman, une chambre est préparée pour Mrs. Aouda. Quant à Passepartout, il reprend le programme suivi avant le départ pour le tour du monde. Mais une atmosphère étrange règne dans la maison, elle semble comme inhabitée. En effet, le lendemain, lorsque onze heures et demie sonnent à la tour du Parlement, Phileas Fogg ne se rend pas au Reform Club. Pourquoi irait-il puisqu'il a perdu son pari ?

Vers sept heures et demie du soir, Fogg fait demander à Mrs. Aouda si elle peut le recevoir. Quelques instants après, Phileas Fogg se trouve assis en face d'elle.

— Madame, lorsque j'ai pris la décision de vous emmener en Angleterre pour vous mettre à l'abri du danger, j'étais riche et je pensais mettre une partie de ma fortune à votre disposition. Cela pouvait vous suffire pour vous rendre heureuse et libre. Mais maintenant, je suis ruiné.

— Je le sais, Mr. Fogg, et pardonnez-moi d'avoir contribué à votre ruine : vous m'avez sauvé la vie et ça vous a fait perdre du temps.

— Madame, une mort horrible vous attendait. Je vous demande d'accepter les biens qui me restent.

— Mais vous ?

— Je n'ai besoin de rien.

— Vos amis peuvent...

— Je n'ai pas d'amis, Madame.

— Vos parents...

— Je n'ai plus de parents.

— La misère est moins insupportable à deux.

La jeune femme se lève en lui tendant les bras :

— Voulez-vous à la fois d'une parente et d'une amie ? Voulez-vous de moi pour femme ?

Mr. Fogg se lève alors à son tour. Il y a comme un reflet inaccoutumé dans ses yeux, comme un tremblement sur ses lèvres.

— Je vous aime ! dit-il simplement. Et je suis tout à vous.

— Ah !... s'écrie Mrs. Aouda qui porte la main à son cœur.

Le gentleman fait sonner Passepartout. Quand il arrive dans la pièce où se trouvent Mrs. Aouda et son maître, Fogg tient encore la main de la jeune femme. Passepartout comprend tout de suite ce qui se passe et son visage se met à rayonner de joie. Il est chargé de prévenir immédiatement le révérend Wilson pour célébrer le mariage le lendemain, lundi. Il est huit heures trente-cinq lorsque Passepartout sort de la maison du révérend en courant. En trois minutes, il est de retour à Saville Row où, essoufflé, il annonce à son maître :

— Demain, mon maître... mariage impossible...

— Que se passe-t-il ? demande Fogg à son serviteur.

— Aujourd'hui, on est samedi et demain, c'est dimanche.

— Samedi ? Impossible.

— Si, si ! Vous vous êtes trompé d'un jour ! Nous sommes arrivés vingt-quatre heures en avance... mais il ne reste plus que dix minutes.

Le TOUR DU MONDE en 80 jours

Quelle est la raison de cette erreur ? Sans s'en douter, Phileas Fogg, qui a voyagé toujours vers l'est, a gagné un jour sur son itinéraire. Le globe terrestre est divisé en vingt-quatre fuseaux horaires et toute personne qui voyage vers l'est gagne une heure par fuseau horaire. En faisant le tour du globe, Phileas Fogg a gagné vingt-quatre heures !

Passepartout saisit son maître au collet et l'entraîne avec une force irrésistible. Phileas Fogg saute dans un cabriolet [1] et, après avoir failli écraser deux chiens et éviter cinq accidents, il arrive au Reform Club. L'horloge marque huit heures quarante-cinq lorsqu'il pénètre dans le grand salon où ses collègues l'attendent avec impatience.

Phileas Fogg a accompli son voyage autour du monde en quatre-vingts jours ! Il a gagné son pari.

Le lundi matin, jour de la célébration du mariage de Phileas Fogg avec Mrs. Aouda, Passepartout se précipite dans la chambre de son maître.

— Monsieur, savez-vous ce que je viens d'apprendre ?

— Qu'y a-t-il, Passepartout ?

— On pouvait faire le tour du monde en soixante-dix-huit jours seulement !

— Sans doute, mais sans traverser l'Inde, mon cher, et si je n'avais pas traversé l'Inde, Mrs. Aouda ne pourrait pas aujourd'hui devenir ma femme...

---

1. **un cabriolet** : genre de voiture.

Compréhension **orale**

DELF **1** Écoutez l'enregistrement du chapitre et dites si les affirmations sont vraies (V) ou fausses (F). Puis, corrigez les phrases fausses.

V F

1. Passepartout frappe de ses deux poings l'inspecteur Fix. ☐ ☐
  ....

2. Les trois voyageurs rejoignent en voiture le port de Liverpool. ☐ ☐
  ....

3. Il est possible de parcourir Liverpool-Londres en cinq heures trente. ☐ ☐
  ....

4. Phileas Fogg arrive à Londres avec un retard de cinq minutes. ☐ ☐
  ....

5. Face à ce coup du sort, ils sont tous impassibles. ☐ ☐
  ....

6. C'est parce qu'il a sauvé la vie à Mrs. Aouda que Fogg a perdu son pari. ☐ ☐
  ....

7. Fogg n'a ni parents ni amis. ☐ ☐
  ....

8. Passepartout va prévenir le révérend pour célébrer le mariage lundi. ☐ ☐
  ....

9. Il est impossible de célébrer le mariage lundi. ☐ ☐
  ....

10. Ils sont en avance de quarante-huit heures. ☐ ☐
  ....

11. L'horloge marque huit heures moins cinq lorsque Fogg arrive au Reform Club. ☐ ☐
  ....

12. Fogg a gagné son pari car il a accompli le tour du monde en quatre-vingts jours. ☐ ☐
  ....

2 Dans ce chapitre, on note par deux fois que Phileas Fogg n'est pas aussi impassible qu'il veut faire paraître. Écoutez de nouveau le chapitre puis mettez une croix dans la case des deux scènes où Phileas Fogg montre ses sentiments. De quel sentiment s'agit-il ?

A = Colère   B = Amour   C = Impassibilité

1. ☐ Phileas Fogg après avoir accompli ce voyage autour du monde a un retard de cinq minutes ! Il a perdu.

2. ☐ Il s'approche alors du détective qui vient de lui annoncer la nouvelle, le regarde dans les yeux et en un seul mouvement, il frappe de ses deux poings le malheureux inspecteur.

3. ☐ Le gentleman reçoit ce dernier coup du sort avec son habituelle impassibilité.

4. ☐ Phileas Fogg a accompli son voyage autour du monde en quatre-vingts jours ! Il a gagné son pari.

5. ☐ Mr. Fogg se lève à son tour. Il y a comme un reflet inaccoutumé dans ses yeux, comme un tremblement sur ses lèvres.

Compréhension **écrite**

DELF **1** Répondez aux questions suivantes.

1. Pourquoi est-ce que Phileas Fogg est ruiné ?

    ....

2. Qu'est-ce que propose la jeune femme à Phileas Fogg ?

    ....

3. Pourquoi est-ce que Passepartout comprend ce qui se passe ?

    ....

4. Pourquoi est-ce qu'il est impossible de célébrer le mariage le lendemain ?

    ....

5. Qu'est-ce qui s'est passé ?

    ....

6. Pourquoi est-ce que Fogg n'est pas intéressé à la possibilité de faire le tour du monde en soixante-dix-huit jours ?

    ....

2 Relevez dans le chapitre les expressions ou descriptions qui se rapportent aux sentiments suivants : *regret, amour, plaisir, détermination, anxiété.*

Enrichissez votre **vocabulaire**

1 Retrouvez la signification des expressions qui utilisent les parties du corps en reliant les colonnes.

1. ☐ Avoir du cœur	a. coûter très cher
2. ☐ Rester les bras croisés	b. manger sans appétit
3. ☐ Dormir à poings fermés	c. franchement, sans détour
4. ☐ À visage découvert	d. très profondément
5. ☐ Coûter les yeux de la tête	e. être généreux
6. ☐ Donner un coup de main	f. aider quelqu'un
7. ☐ Manger du bout des lèvres	g. ne rien faire

2 Voici cinq listes de mots. Dans chacune d'elle, un intrus s'est glissé. Barrez-le.

1. Prendre pour femme/divorcer/épouser/se marier
2. Un révérend/un prêtre/un curé/un serviteur
3. Une horloge/une montre/un bracelet/une pendule
4. Un domicile/une maison/un appartement/un jardin
5. Un globe terrestre/un parcours/un voyage/un trajet

Grammaire

L'imparfait

On utilise l'imparfait :
— pour décrire des actions habituelles dans le passé.
*Tous les soirs, je **rentrais** à la maison à 18 heures, puis je **dînais** devant la télé et j'**allais** me coucher à 22 heures.*
— pour décrire des personnes, des animaux ou des choses dans le passé.
*Il **était** beau et grand, il **semblait** libre et serein.*

Pour former l'imparfait, on ajoute au radical de la première personne du pluriel de l'indicatif présent les terminaisons suivantes : : *-ais, -ais, -ait, -ions, -iez, -aient.*

Exemple: **Présent indicatif** *Rentrer* → *nous rentr-ons* → *nous rentrions*

Imparfait

Je rentr**ais**

Tu rentr**ais**

Il/elle/on rentr**ait**

Nous rentri**ons**

Vous rentr**iez**

Ils/elles rentr**aient**

Penser : nous pensons → nous pensions

Attendre : nous attendons → nous attendions

Finir : nous finissons → nous finissions

Attention ! Certains verbes sont irréguliers ! Voici quelques exemples :

Être : je suis → j'étais

nous sommes → nous étions

Aller : je vais → j'allais

nous allons → nous allions

Avoir : j'ai → j'avais

nous avons → nous avions

Pouvoir : je peux → je pouvais

nous pouvons → nous pouvions

1 Retrouvez dans le texte tous les verbes à l'imparfait de l'indicatif.

2 Décrivez physiquement et moralement votre mère ou votre père quand elle/il avait vingt ans. Dites quelles étaient ses habitudes.

Production **écrite**

DELF **1** Choisissez l'un des deux sujets suivants.

1. Phileas Fogg charge Passepartout d'envoyer des invitations pour son mariage. Imaginez ce qu'il a pu écrire (qui, quand, comment, où ?).

2. Vous avez assisté au mariage, racontez comment il s'est déroulé.

1 Comme Phileas Fogg, Passepartout a tenu son journal durant le voyage. Malheureusement, troublé par les événements, il a mélangé toutes ses feuilles. Aidez-le à les remettre en ordre.

a. ☐ Tandis qu'un vol a été commis à la Banque d'Angleterre, Fogg parie toute sa fortune sur la possibilité de faire le tour du monde en quatre-vingts jours. Et nous voilà partis le soir même pour Douvres... Moi qui rêvais d'une vie tranquille.

....

b. ☐ Fix s'est bien mérité le coup de poing ! Enfin tout est bien qui finit bien ! On croyait avoir perdu le pari et on l'a gagné. Et c'est grâce au mariage de Phileas Fogg avec Mrs. Aouda qu'on s'est rendu compte qu'on avait un jour d'avance. Je lance le pari que la prochaine fois on fait le tour du monde en soixante-dix-huit jours !

....

c. ☐ Nous sommes déjà à Suez et j'ai fait la connaissance d'un certain Fix, homme plutôt sympathique. Je commence à être un peu préoccupé par ce pari, un retard est si vite arrivé ! On a dû faire une partie du trajet à dos d'éléphant et ce n'est pas très confortable !

....

d. ☐ Phileas Fogg, membre du Reform Club, est un homme tranquille et solitaire. Personne ne pénètre dans sa maison sauf moi. Je me présente : je m'appelle Passepartout et je suis français. Je suis plutôt content de travailler pour ce gentleman car il est régulier comme une mécanique.

....

e. ☐ Mon maître n'est pas aussi insensible qu'il en a l'air. Il est tombé d'accord avec moi pour sauver une jeune femme d'une mort certaine. Cette Mrs. Aouda est tout à fait charmante. Enfin, à cause d'une tempête on est arrivés en retard à Hong-Kong.

....

f. ☐ Pourquoi ce Fix m'a entraîné dans un bar ? En plus, on dirait qu'il nous suit... Bon, le voyage continue et c'est le principal ! Après avoir été retardé par des bisons et traversé un pont sur le point de s'écrouler, je me demande ce qui peut nous arriver...

....

g. ☐ Des Sioux ont attaqué notre train et ils m'ont pris en otage. Heureusement que Phileas Fogg m'a sauvé ! Quel gentleman, quel courage ! Mais je l'ai encore retardé dans son voyage et nous avons manqué le bateau pour Liverpool.

....

h. ☐ Quel voyage ! J'ai trahi Phileas Fogg et me voilà à Yokohama sans un sou en poche. Heureusement que ce Batulcar m'a engagé, ça m'a permis de retrouver Phileas Fogg et Mrs. Aouda. Tant pis pour le numéro !

....

i. ☐ Phileas Fogg ne m'a fait aucun reproche, c'est un homme vraiment formidable... Il a détourné le paquebot qui devait aller à Bordeaux et s'est transformé en véritable pilote. Mais voilà qu'une fois arrivés à Liverpool, Fix l'a arrêté. Heureusement qu'il s'est rendu compte de son erreur.

....

2 **Faites la description physique et morale des quatre protagonistes de l'histoire.**

| Phileas Fogg | Passepartout | Mrs. Aouda | Fix |

3 Décrivez pour chacun des personnages l'évolution de leurs sentiments au cours de l'histoire. Vous pouvez vous aider des tableaux des chapitres 7 et 8.

Phileas Fogg ....
....
Passepartout ....
....
Fix ....
....
Mrs. Aouda ....
....

4 Quel est votre personnage préféré ? Justifiez votre réponse.

5 Retrouvez le parcours que Phileas Fogg a suivi pour faire le tour du monde. Indiquez les différentes étapes avec le nom des pays et des villes ainsi que le nom des mers traversées et le moyens de transport utilisés.

6 Vous décidez de monter le projet d'un voyage autour du monde. Pour ce faire, vous avez besoin de prévoir les étapes, les moyens de transport, les dates et les horaires. En vous aidant du voyage de Phileas Fogg au XIXe siècle, faites des phrases pour décrire votre projet du tour du monde au XXIe siècle.